KB069599

마음챙김과 행복

행·복·을·찾·아·가·는·운·전·사

마음챙김과 행복

행·복·을·찾·아·가·는·운·전·사

박상규 저

학지사

나는 마음챙김을 대학원생과 학부생들에게 가르치면서 자동차와 운전사로 비유하여 설명하였다. 마음챙김은 마치 운전사가 지금 자동차에 어떤 손님이 타고 내리는지 알아차리는 것과 같이, 자기 마음에서 일어나는 생각과 감정을 알아차리는 것이기 때문이다.

다른 사람의 인정을 받거나 물질적인 욕구가 충족되어서 얻게 되는 행복감은 일시적이며 변화하지만, 마음챙김으로 얻은 평화는 지속적이고 안정적이다. 꾸준한 마음챙김은 무위자연(無爲自然)의 상태가 되어 편안한 마음으로 지금 자신이 해야 할 일을 잘하게 하여 일의 성과를 높인다.

이 책은 운전사가 몸과 마음이라는 자동차를 잘 운전하여 행복의 길을 운행하는 데 필요한 안내서다. 이 책에서는 마음챙김명상뿐만 아니라 마음치유에 도움이 되는 다양한 심리적 방법을 제시한다. 제1부에서는 마음챙김과 행복, 제2부에서는 일상에서의 마음챙김의 실천에 대해 알아본다.

마음챙김을 하면서 인생이라는 여행길을 운전한다면, 그 길은 평화로울 것이며 주변 사람들도 자연스레 행복해질 것이다. 운전사는 지금 자신의 자동차에 어떤 손님이 타는지를 명확하게 관찰하여 몸과 마음이라는 자동차를 편안하게 다루어야 한다.

이 책이 나오기까지 여러분의 도움이 있었다. 석명 한주훈 선생님은 저자의 여러 질문에 명쾌하게 답해 주시어 이 책의 품격을 높여 주었다. 바쁜 와중에도 원고를 꼼꼼히 읽어 보고 소중한 제언을 해 준 가톨릭대학교의 김혜련 수녀님에게도 감사드린다. 그리고 이 책의 편집과정에서 애쓰신 학지사의 김순호 이사님에게도 감사드린다. 이 외에도 많은 분께서 여러 방법으로 도움을 주셨다. 이 자리를 빌려 고마움을 전한다.

이 책을 통해서 독자 여러분의 삶의 여행길이 조금이나마 더 편안하고 행복하기를 바란다.

2022년
노고산 아래에서 저자
박상규

제1부

마음챙김과 행복

01

마음챙김의
이해

- 마음챙김
- 마음챙김은
  어떻게 하는가
- 자비수행

마음챙김

　마음챙김은 자기주시, 알아차림, 관(觀) 등으로 불리는데, 어떤 판단도 하지 않은 채 지금 자신의 몸과 마음에서 일어나는 감각 이나 생각, 행동을 있는 그대로 분명히 알아차리는 것이다. 우리 는 마음챙김을 통해 자기를 올바로 이해할 수 있다. 마음챙김은 불교의 수행법 중 하나인 위파사나 명상(vipassana meditation)에 서 시작되었으나, 현대에 와서는 종교를 불문하고 개인의 정신 건강과 행복을 위한 도구로 널리 사용된다.

　마음챙김은 자신의 몸과 마음을 떨쳐 놓고 보는 것으로 자기 마음을 관찰하는 일종의 초인지적 기능이다. 즉, 나의 몸과 마음 에서 일어나는 현상을 객관화하여 보는 것이다. 지금 내가 숨을 들이쉬면 '들이쉰다'는 것을 알아차리고, 숨을 내쉬면 '내쉰다'는

것을 알아차린다. 불안하면 '불안하다'는 것을 그대로 알아차린
다. 나의 생각이나 욕구를 개입시키지 않고 순수하게 지금 이 순
간 일어나는 그대로를 분명하게 알아차린다.

행복하기 위해서는 행복하려고 노력해야 한다.
이를 위해 마음챙김은 가장 효과적인 방법이다.

마음챙김이 되면 편안하다. 이 책에서는 마음챙김을 자동차
운전에 비유한다. 자동차는 나의 몸과 마음이고 자동차에 타는
손님은 생각과 감정이다. 주인공인 운전사가 지금 자동차에 타
는 손님을 알아차리는 것이 마음챙김이다. 운전사가 손님을 분
명하게 바라보면 손님은 왔다가 사라진다는 것을 알게 된다. 운
전사는 손님이 왔다가 사라짐을 알기에 손님에 휘둘리지 않는
다. 하지만 운전사가 손님을 분명하게 보지 못하면 손님은 마치
운전사인 양 자동차를 마음대로 운전하여 고통으로 몰고 간다.

마음챙김은 운전사가 지금 자신의 자동차에 어떤 손님이 타고
내리는지를 분명하게 알아차리는 것이다. 손님을 손님으로 분
명하게 알아차리면, 손님은 운전사 행세를 하지 못하고 곧 사라
진다.
마음의 평화와 행복을 바란다면 자주 마음챙김하여 손님이 운
전사의 자리를 차지하지 않도록 해야 한다.

지금 행복하십니까?

여러분은 각자의 인생이라는 여행길을 잘 운전하고 계십니까?

우리의 몸과 마음은 자동화 프로그램이 되어 있는 자동차처럼 어떤 상황이 되면 프로그램대로 자동적으로 반응한다. 그것은 인간이 생존하고 적응하는 데 편리한 점도 있지만 불행을 안겨 주기도 한다. 마음챙김을 하면 지금까지와 같이 자동적으로 반응하는 대신, 잠시 멈추고 자기를 객관화하여 보기 때문에 자신에게 보다 유익한 반응을 선택할 수 있다.

처음에는 운전사가 자동차에 타고 내리는 손님을 분명하게 알아차리기가 쉽지 않지만 마음챙김에 익숙해지면 빠르고 분명하게 손님을 알아차릴 수 있다.

꾸준한 마음챙김으로 주인공인 운전사가 자동차에 타고 내리는 손님을 분명하게 알아차리면 운전사는 자기 자리를 잘 지키면서 자기 역할을 잘할 수 있다.

잠시 명상의 시간을 내어서 지금 나의 마음에 어떤 생각과 감정이 일어나는지를 알아차린다. 생각과 감정은 나의 자동차에 타고 내리는 손님이다. 마음챙김을 하면 지금 이 순간에도 많은 손님이 오고 감을 보게 된다.

　자신의 욕심을 알아차리면 욕심을 멈출 수 있다. 하지만 욕심을 알아차리지 못하면 욕심이 시키는 대로 행동하게 되어 불행해진다. 또 자신에게 일어나는 충동을 분명하게 알아차리면 마음이 안정되며 자존감도 올라간다. 마음챙김으로 자신의 몸과 마음을 다스릴 수 있음을 경험하면서 자신을 존중하게 된다. 하지만 충동이 일어나는 것을 보지 못하면 충동의 노예가 되면서 자존감도 떨어진다.

　돈이나 권력에 대한 욕구를 알아차리지 못하면 나중에 돈이나 권력의 노예가 되어 자신과 가족에게 피해를 주고 자존감이 떨어진다. 욕구가 일어날 때 마음챙김을 하면 자신을 조절할 수 있고 자존감도 높아진다. 예를 들면, 어떤 청소년이 게임을 하면서 즐거웠던 경험이 기억에 남아 있다면 게임을 하고 싶은 갈망이 일어나고, 이 갈망으로 인해 게임에 집착하게 된다. 집착을 하게 되면 게임에 대한 생각이 계속적으로 떠오르는 강박관념에 빠지면서 게임을 하게 된다. 이때 마음챙김을 하면 마음의 흐름이 차단되어 다음 단계로 넘어가지 않는다. 지금 나의 마음에 갈망이 일어남을 알아차리고 받아들이는 순간 다음 단계인 집착으로 넘어가지 않는다.

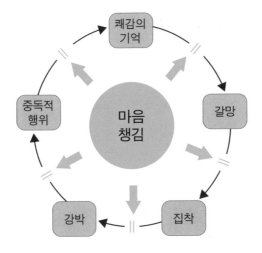

이 그림은 마음챙김을 하는 순간 마음의 흐름이 다음 단계로 넘어가지 않고 멈추는 것을 나타낸 것이다. 운전사가 몸과 마음이라는 자동차에 타고 내리는 손님을 손님으로 분명하게 알아차리면 더 이상 손님에게 끌려다니지 않게 되어 마음이 편안해진다.

마음챙김은 갈망이나 집착, 강박적 생각 등을 멈추게 한다.

마음챙김은 어떻게 하는가

마음챙김은 매 순간 일어나는 나의 몸과 마음의 현상을 어떠한 선입견이나 판단도 없이 있는 그대로 분명하게 관찰하는 것이다. 석명 한주훈 선생은 마음챙김에 대하여 "이마 위의 양쪽 미간 중간에 영안(靈眼)이 있다고 가정하고 이 영안으로 자기의 몸과 마음을 주시한다."라고 하였다. 이는 곧 육체의 눈으로 보는 것이 아니라 영적인 눈으로 본다는 것이다.

마음챙김은 정좌 마음챙김, 걷기 마음챙김 등으로 구분하여 수행한다. 불교에서는 몸, 감각(느낌), 마음, 법의 4념처(四念處)를 대상으로 한다.

앞에서 말했듯이 마음챙김은 지금-여기서 나의 몸과 마음이라는 자동차에 타고 내리는 손님을 분명하게 알아차리는 것이다. 화가 나면 '손님이 왔구나!' 하고 알아차린다. 화가 사라지면 '손님이 나갔구나!' 하고 알아차린다.

운전사가 마음챙김을 할 힘이 있으면 인생이라는 여행길을 편안하게 운행할 수 있다. 그러므로 운전사는 마음챙김 명상을 잘 배워서 여행길이 보다 편안하고 행복하도록 해야 한다.

마음챙김에 익숙해지기 위해서는 정해진 장소에서 규칙적인 생활을 하면서 명상해야 한다. 또 명상센터에서 수행을 마치고 일상으로 돌아온 후에도 매일 새벽 혹은 저녁에 하루 1시간 정도 규칙적으로 꾸준하게 명상을 한다. 규칙적으로 수행할수록 집중력이 좋아지고 마음이 편안해지며 기쁨을 느끼게 된다. 석명 한주훈 선생은 하루에 28분 이상 명상하는 것이 좋다고 하였다. 28분 이상이 되어야 바른 자세가 되고 온몸이 조화로워진다.

일상에서는 시간이 되는 대로 자주 화살명상을 한다. 화살명상은 그리스도 신자들이 하느님께 순간적으로 짧게 하는 화살기도와 같이 일상에서 짧은 시간 명상하는 것을 말한다. 이 화살명상은 비록 짧은 시간이지만 일상에서 마음을 편안하게 하고 자기를 조절하는 힘을 키운다.

대개의 마음챙김 명상 수행 프로그램에서는 한 시간 정도 걷기명상과 한 시간 정도의 정좌명상을 반복한다. 좌선을 위주로 하는 참선명상에서는 50분 정도 좌선을 하고 10분 정도 걷기명상인 포행을 한다.

명상은 자신의 집중력이나 수행 정도 그리고 상황에 맞게 유연하게 적용한다. 자신의 몸에 맞는 운동을 해야 실제로 건강에 도움이 되듯이, 자신에게 부담이 덜 되고 효과가 있는 명상을 선택해야 한다. 걷기명상을 하였을 때 나의 마음이 편안하고 머리가 맑아지면 걷기명상이 나에게 맞는 명상이다. 호흡명상으로 마음이 편안해지고 집중력이 향상되면 호흡명상이 나에게 맞는 것이다. 어떤 명상을 하든 마음의 평정심을 찾고 자기 본성을 자각할 수 있다면 그것이 자신에게 좋은 명상이다. 수행자가 수행을 지속하면서 마음이 편안해지고 평화를 느끼면 명상하려는 동기가 일어난다.

마음의 평화와 삶의 조화를 위해서는 시간을 정해 놓고 규칙적으로 수행하는 것이 좋다. 아침에 일어나서 매일 하루에 한 시간, 적어도 30분 정도 명상을 하라. 앞서 설명한 대로 30분 정도가 되면 자세가 바로잡힌다. 하루에 세 번, 아침 식사 전이나 점심 식사 후 혹은 저녁 식사 후 등으로 시간을 정해 놓고 수행할 수도 있다.

일상에서의 명상은 자신의 상황에 따라 자연스럽게 하면 된다. 몸이 피곤하고 쉬고 싶을 때는 누워서 몸의 느낌을 알아차리는 몸 마음챙김을 한다. 각자의 건강 상태나 집중 정도, 심리적 상태, 환경에 맞게 하면 된다. 또 어린아이, 노인, 환자 등 대상과 수행 정도에 따라서 유연하게 실시할 수 있다.

명상은 이론적으로 배워서 얻는 것보다는 일상에서 직접 체험해 가면서 익혀야 한다. 의문이 생기면 스승을 찾아 질문을 하면서 꾸준하게 수련하라.

정좌 마음챙김: 호흡명상

호흡명상은 호흡의 감각에 집중하는 것으로 명상의 기본이다. 호흡명상이 잘 되면 다른 명상도 잘할 수 있다.

호흡명상을 할 때는 방바닥이나 의자에 앉아도 된다. 중요한 것은 척추를 똑바로 세우고 몸의 힘을 빼고 몸을 편하게 하는 것이다. 의자에 앉을 때도 척추를 똑바로 세운다. 의자 등받이에 기대지 말고 조금 앞으로 나와 앉는다. 양손은 각각의 무릎 위에 두면서 다리는 꼬지 않는다. 일어나고 사라지는 자신의 호흡을 가만히 지켜본다. 이 상태에서 살며시 미소를 짓는다. 콧구멍으로 호흡이 들어오면 '들어온다', 콧구멍에서 호흡이 나가면 '나간다' 하고 이를 알아차린다. 혹은 '들숨' '날숨'으로 알아차린다. 들숨, 날숨을 알아차리는 것에 익숙해지면 지금 호흡이 따스한지, 차가운지, 강한지, 약한지, 느린지, 빠른지 등을 관찰한다.

호흡 중에 다른 생각이 떠오르면 그것을 그대로 알아차린다. 호흡명상은 호흡을 조절하는 것이 아니다. 단지 호흡이 들어오고 나가는 것을 알아차리는 것이다.

호흡명상은 주로 코끝의 감각에 집중한다. 하지만 배의 움직임에 집중이 잘 되는 사람은 배가 들어가고 나오는 것에 집중해도 된다. 특히 화가 나거나 마음이 불안정할 때는 코보다는 배에 집중하는 것이 좋다.

지금 자신의 호흡이 깊고 편안하면 마음이 평온하고 안정되어 있다고 볼 수 있다. 마음이 초조하면 호흡이 얕아지고 빨라진다.

지금 자신의 호흡을 보면 마음의 상태를 알 수 있다. 호흡명상이 잘 되면 마음이 편안해지고 지혜가 생기며, 자신의 생각이나 감정도 잘 다스릴 수 있다.

자신의 호흡을 알아차리면 마음이 편안해지고 생각이나 감정을 조절하면서 몸과 마음이 건강해진다.

알아차림

호흡명상을 하면서도 여러 생각이 일어날 수 있다. 이때에도 '손님이 왔구나' 하면서 알아차리고 그대로 호흡에 집중한다. 어떠한 생각이 떠오르든 그냥 편안하게 알아차리면서 호흡을 관찰한다.

걷기 마음챙김

걷기 마음챙김은 마음챙김의 대상이 발바닥의 느낌이나 발걸음에 있다. 걸으면서 발바닥의 느낌을 알아차린다. 마음챙김 수행을 할 때는 주로 걷기 마음챙김 명상을 먼저 하고 나서 좌선명상을 한다. 처음에는 '발을 든다' '발을 놓는다'에 집중한다. 다음에는 '발을 든다' '움직인다' '놓는다'에 집중한다. 걷기 마음챙김을 할 때 눈은 감지 않고 반 정도 뜬다. 고개는 숙이지 않으며, 발을 보지 않으면서 천천히 걷는다.

천천히 걸으면서 지금 자신이 발을 들면 '발을 들고 있다'는 것을 알아차린다. 발을 움직이면 '움직인다'는 것을 알아차린다. 발을 놓으면 '발을 놓는다'는 것을 알아차린다. 멈추거나 돌아서서 걷고자 한다면 천천히 멈추고, 천천히 몸을 돌린다.

걷기 마음챙김은 목적 없이 그냥 걸으면서 발의 감각을 알아차리는 것이다. 다른 생각이 떠오르면 그대로 이를 알아차리고 다시 발바닥의 느낌에 집중한다. 또 왼발, 오른발 하면서 발걸음을 알아차리며 걸어도 된다. 걷기 마음챙김 명상을 할 때도 얼굴 표정은 살짝 미소를 짓는다. 걷기 마음챙김을 하면 마음이 편안하고 상쾌해진다.

걷기 마음챙김은 실내와 실외 어디에서든 할 수 있다. 하지만 숲속에서 걷기 마음챙김을 할 때는 오감을 알아차리는 명상과 함께 하는 것이 좋다. 발바닥의 느낌뿐만 아니라 몸에서 느껴지는 다양한 오감을 알아차리면서 걷는다. 눈에 보이는 숲의 색깔과 모양, 귀에 들리는 새 소리, 목덜미에서 느껴지는 따스한 촉감, 코에서 느껴지는 꽃의 향기를 알아차리면서 천천히 걷는다.

몸 마음챙김

몸 마음챙김은 마음챙김의 대상이 몸의 감각에 있다. 지금 자신의 몸에서 일어나는 감각을 그대로 관찰한다. 몸에 나타나는 감각이라는 손님을 가만히 마음의 눈, 영안으로 바라본다. 발끝에서 정수리까지 혹은 정수리에서 발끝까지의 순서로 몸 전체에서 느껴지는 감각을 알아차린다. 흥분되거나 기분이 조금 떠 있는 경우에는 발바닥에서부터 정수리의 순서로 마음챙김한다.

발바닥의 느낌부터 종아리, 엉덩이, 허리, 신장, 위장, 대장, 간, 심장, 폐, 가슴, 목, 입, 코, 눈, 이마, 정수리의 느낌 등 몸에서 느껴지는 감각을 있는 그대로 관찰한다. 몸에 대한 마음챙김은 몸의 외부뿐만 아니라 내부 기관 등 몸 전체에서 느껴지는 감각을 알아차리는 것이다. 몸이 긴장되고 굳어 있는지, 이완되고 편안한지를 살펴본다.

몸이 아프면 아픈 것을 그대로 알아차리고 받아들인다. 또 몸의 감각에 집중할 때 다른 생각이 떠오르면 그것도 그대로 알아차린다.

몸은 마음과 연결되어 있다.
몸의 상태를 잘 살펴보고 관리를 잘해야 몸도 마음도 건강하다.

자신의 몸과 자주 대화하여 몸을 잘 관리하는 것이야말로 자기 사랑의 기본이다.

몸의 느낌을 알아차리는 마음챙김 명상은 몸과 마음을 이완시키고 편안하게 한다. 피곤할 때 잠시라도 몸 마음챙김 명상을 하면 피로감이 줄어든다. 몸 마음챙김 명상은 주로 누워서 하지만 앉아서도 할 수 있다. 앉아서 할 때는 척추를 똑바로 세운다.

호흡 마음챙김 명상과 마찬가지로 몸 마음챙김 명상은 언제, 어디서든지 가능하다. 집에서, 사무실에서, 지하철이나 차 안에서 머리부터 발끝까지 천천히 자신의 몸 감각을 알아차린다. 지금 자신의 몸이 굳어 있는지, 이완되고 편안한지를 살펴보면 지금 자신의 마음이 편안한지, 불편한지를 알 수 있다. 자신의 몸이 이완되고 편안하면 마음도 편안하다.

**자신의 몸 감각을 알아차리고 이완시키는 것이
마음을 편안하고 건강하게 한다.**

행위 마음챙김 명상

무엇을 할 때 그 행위를 관찰 대상으로 정하고 마음챙김하는 명상이 행위 마음챙김 명상이다. 지금 내가 움직이고 있다면 '움직이고 있구나!' 하고 자신이 하는 행동을 관찰해 보라. 양치질을 할 때 잠시라도 시간을 내어 자신의 행동을 관찰해 보라. 지금 내가 치약을 짜고 있으면 '치약을 짜고 있다'는 것을 알아차린다. 지금 내가 손을 씻고 있으면 '손을 씻고 있다'는 것을 알아차린다. 행위 마음챙김은 흔히 일상에서 일어나는 반복적이며 단순한 행위에 대한 마음챙김으로 지금-여기에서 자신이 하는 행동을 관찰하는 것이다. 이 행위 마음챙김은 생각하지 않고 천천히 움직이면서 자신이 하는 행동을 알아차리는 것이다. 행위 마음챙김을 하면 마음이 편안하고 머리가 맑아지며 일상을 새롭게 느낄 수 있다.

또 행동의 의도를 알아차리는 행위 마음챙김 명상을 할 수도 있다. 내가 자리에서 일어나고자 하는 의도를 알아차린 후에 일어난다. 자리에 앉고자 하는 의도를 알아차린 후에 앉는다. 행동하려는 의도를 알아차리는 마음챙김은 세상에서 일어나는 원인과 결과 간의 관계를 이해하는 데도 도움이 된다.

알아차림

알아차리면서 행동하면 나의 기분이 어떻게 달라지는가?

수식관 명상

수식관 명상은 숨을 내쉴 때 숫자를 붙이는 것이다. '호흡'을 내쉬면서 하나부터 열까지 숫자를 붙인다. 숨을 내쉬면서 '하나', 숨을 내쉬면서 '둘', 숨을 내쉬면서 '셋'……. 이렇게 숫자 열까지 헤아리고 또 처음 하나부터 열까지 헤아린다. 혹은 하나부터 다섯까지 셀 수도 있다. 호흡 중에 다른 생각이 떠오르면 그것도 그대로 알아차리면서 수식관 명상을 한다.

수식관 명상을 하면 마음이 안정되고 집중력이 향상되어 자신이 해야 할 일을 잘하게 된다. 공부할 때 주의집중이 잘 안되면 3분 정도라도 수식관 명상을 한 후에 다시 공부에 집중해 보라.

무의식의 의식화

무의식은 나에게 있지만 억압되어 있어 잘 드러나지 않는다. 정신분석 치료는 개인이 자기 무의식을 보게 하여 더 이상 무의식의 지배를 받지 않도록 하는 데 목적이 있다. 마음챙김 명상을 지속하면 점차 자신의 내면에 억압된 감정이 드러나면서 자신의 감정을 더 깊이 이해하게 된다.

개인이 자신의 감정을 더 깊이 이해하고 받아들일수록 자신이 한없이 사랑스러운 존재임을 알게 되면서 온몸이 따스해지고 세상이 밝게 빛나는 것을 느낄 수 있다.

대인관계에서 불편함이 일어나면 그때는 자신의 무의식에 있는 핵심감정을 이해하기 좋은 때이다. 대인관계에서 불편한 감정이 일어나면 그대로 불편한 감정을 알아차린다. 불편한 감정을 알아차리면 그 아래에 있는 또 다른 감정을 보게 되면서 자신을 잘 이해하게 된다. 상대에게 친절하게 대했는데, 상대가 아무런 반응이 없을 때 자신이 섭섭함을 느끼고 있음을 알아차리면 '내가 상대에게 인정받고자 하는 마음이 있구나!' 하는 것을 알게 된다. 대인관계에서 일어나는 자기 감정을 있는 그대로 잘 관찰하는 것이 자기를 올바로 이해하고 사랑하는 길이다.

자주 반복되어 나타나는 감정을 '핵심감정'이라 부른다. 핵심감정은 어린 시절 자신의 경험과 관련되어 있다. 개인은 불안하기에 혹은 자존심이 상하기에 자기 감정을 억압한다.

꾸준히 마음챙김하면 자신의 핵심감정이 일어나고 있을 때 이를 알아차릴 수 있다. 그리고 지금 여기에서는 이 감정이 적절하지 않다는 것을 자각하게 된다.

마음챙김이 지속되면 밤에 잠을 자면서도 꿈꾸는 자신을 볼 수 있고, 숨겨진 자신의 욕구를 이해할 수 있다. 단주한지 오래된 사람이 꿈속에서 술을 마시는 자신을 보고 자신의 마음속에는 술을 마시고 싶은 욕구가 있음을 알게 된다. 이처럼 꿈을 통해 자기의 무의식적 욕구를 볼 수 있다. 꿈은 내가 꾸는 것이고, 내 마음이 만든 것임을 알면 자신을 잘 이해할 수 있다.

어떤 사람이 누군가와 싸움하는 꿈을 자주 꾼다면 이는 그 사람에 대한 적개심이 강하게 억압되어 있다는 신호다. 성적인 면에서도 개인이 억압하였던 성적 욕구가 직접적으로 혹은 다양한 상징을 통해서 드러난다.

마음챙김으로 자신의 무의식을 알아차리면 무의식이라는 손님에게 더 이상 끌려다니지 않으면서 지금 이 자리에서 자신이 해야 할 일을 할 수 있다.

자신의 마음을 깊게 들여다보면 융(Jung)이 말하는 '자기 그림자(shadow)'가 드러난다. 자기 그림자는 자신에게 있는 어두운 마음으로, 본인이 의식하는 것과 반대되는 특성을 가지고 있다.

개인이 자기 그림자를 알아차리면서 받아들이기는 쉽지 않다. 꾸준한 마음챙김으로 자기 그림자를 보고 받아들이면 마음이 더 자유로워지고 주변 사람도 편안해진다. 꾸준하게 마음챙김하면 무의식이나 자기 그림자로부터 자유로워질 수 있다.

살아 있음에 대한 마음챙김 명상

산다는 것은 고통을 느끼는 것이다. 고통을 느끼는 것은 내가 아직 살아 있기 때문이다. 고통이 올 때 고통을 관찰하면 고통이 줄어든다. 또 고통을 알아차리고 받아들이면 고통을 통해 깨달음을 얻는다.

삶과 죽음은 낮과 밤처럼 서로 연결되어 붙어 있다. 지금 내가 살아 있다는 것은 언젠가는 죽을 수밖에 없음을 전제로 한다. 지금 내가 살아 있음에 감사하면서 지금 이 자리에서 행복하게 살아야 한다. 행복을 미룰 필요는 없다. 내일부터 행복하겠다고 생각하고 오늘을 불행하게 보낼 필요는 없다. 지금 나와 이웃이 행복할 수 있는 일이 무엇인가를 알아보라. 사소한 일이지만 나와 가족, 이웃에게 도움이 될 수 있는 일이면 실천해 보자.

오늘부터 지금 이 시간 내가 행복해야 한다. "내일부터 행복하자!"라고 말하지만 내가 바라는 내일은 오지 않을 수도 있다. 내가 아직 살아 있음에 감사하면서 가족과 이웃이 보다 행복하기 위해 내가 지금 할 수 있는 일이 무엇인가를 생각해 보라.

알아차림

나의 삶의 의미는 무엇인가? 지금 내가 하는 행동은 나의 삶의 목표를 이루는 데 도움이 되는가?

마음챙김 명상의 기본 태도

마음챙김 명상을 잘 수행하기 위해서는 마음챙김하려는 동기 가지기, 자신감 가지기, 인내하기, 정직하기, 총체적으로 마음챙김하기 등이 필요하다.

동기 가지기

'나는 누구인가?'를 알아야 한다. 필자는 젊었을 때 어떤 병으로 "곧 죽을 수도 있다."라는 말을 듣고 죽음에 대한 두려움에 사로잡혔던 때가 있었다. 그때 죽기 전에 '나는 누구인가!'를 깨달아야 생을 마칠 때 후회가 적을 것 같다는 생각이 들었다. 삶의 의미를 모르는 채로 인생을 보내기에는 허무했다. 그것이 내가 본격적으로 명상을 배우기 시작한 계기가 되었다. 무엇이든지 간절함이 있을 때 동기가 일어난다.

자신감 가지기

처음에는 마음챙김이 잘 안되고 어렵지만 수행을 오래 하다 보면 습관이 되어 자연스레 마음챙김에 익숙해진다. 어렵다고 생각되면 이를 알아차리고 스스로에게 '그래, 잘 할 수 있어.'라고 말하고 격려하면서 자신감을 가지라.

인내하기

지금 일어나는 생각과 감정을 느긋하게 바라보고 수용하기 위해서는 인내해야 한다. 인내하는 마음이 있어야 꾸준하게 마음챙김을 할 수 있다. 어떤 일에도 꾸준한 연습이 필요하듯 마음챙김도 꾸준하게 해야 한다. 당장은 효과가 미미하더라도 꾸준히 하면 어느새 마음이 편안해지고 마음챙김의 기쁨을 느낄 수 있다.

정직하기

지금-여기에서 일어나는 자신의 마음을 정직하게 알아차리라. 있는 그대로 자신의 생각과 감정을 바라보고 받아들이라. 불안이나 자존감 때문에 자신의 문제를 억압하거나 투사하지 말고 있는 그대로 정직하게 알아차리라.

마음챙김은 마음이라는 자동차에 타고 내리는 손님을 아무런 판단도 하지 않고 그대로 관찰하는 것이다. 지금 외로움이라는 손님이 왔다는 것을 있는 그대로 주시하면 마음이 편안해진다.

총체적으로 마음챙김하기

마음챙김은 지금 이 순간에 총체적으로 깨어 있는 것이다. 총체적으로 바라본다는 것은 나의 마음과 상황, 상대를 함께 보는 것이고, 인과관계를 보는 것이며, 우리 모두가 연결되어 있음을 아는 것이다.

마음챙김 명상 환경

　조용하고 쾌적한 환경과 분위기에서 명상이 잘된다. 주변 사
람들의 방해를 받지 않고 집중할 수 있는 단순한 환경이 좋다.

　좌선하여 마음챙김 명상을 할 때는 기본적으로는 방석 위에 앉
거나 의자에 앉는다. 명상을 할 때는 척추를 똑바로 세우면서 몸
의 힘을 뺀다. 의자에 앉을 때도 척추를 바로 세우고 의자의 등
받이에 기대지 않는 것이 중요하다.

명상은 언제, 어디에서나 가능하다. 걸어가면서 하거나 사무실 의자에 앉아서 하거나 차 안에서도 할 수 있다. 척추를 똑바로 세우고 지금 이 순간 자신의 몸의 느낌이나 마음의 변화를 관찰한다. 눈을 감아야 집중이 잘 되는 사람은 눈을 감고, 눈을 감는 것이 불편한 사람은 눈을 뜨고 시도해 보라.

마음챙김은 수행자가 처한 환경이나 상황에 맞추어 유연하게 적용한다. 상황에 따라 걷기명상이나 누워서 하는 명상만 할 수 있다. 때로는 야외에서 걷기명상이나 좌선명상을 할 수도 있다.

숲속과 같은 야외에서 하는 마음챙김은 장점이 많다. 숲에서 들려오는 새소리, 숲의 향기 등으로 오감이 활성화되기 때문이다. 또 숲에서는 피톤치드와 몸의 면역기능을 높이는 여러 물질이 분비되어 건강에도 도움이 된다. 숲에서 '왼발', '오른발' 하고 걸으면서 걷기명상을 하거나 주변의 자연 풍광을 즐기면서 마음챙김 명상을 해 보라.

자비수행

자비수행은 자신과 타인에게 따뜻한 느낌을 보냄으로써 마음을 평화롭게 한다. 자신을 포함해서 마음의 따스함이 필요한 사람에게 사랑과 자비의 마음을 전하는 것은 마치 추운 날 따스하게 난로를 피워 자신의 몸과 함께 타인의 몸도 따스하게 하는 것과 같다.

자비수행은 마음챙김 명상과 같이 할 수 있다. 자비수행을 한 다음에 마음챙김 명상을 할 수 있고, 마음챙김 명상을 한 다음에 자비수행을 할 수 있다. 마음챙김 명상으로 마음이 편안하고 고요하면 자비의 마음이 일어나므로 마음챙김 명상을 한 다음에 자비수행을 하는 것이 좋다. 하지만 자비수행을 한 다음에 마음이 따스해지고 행복하기에 자비수행을 먼저 하고 마음챙김을 할 수도 있다. 내가 회복 중인 중독자를 대상으로 명상을 진행해 보면 자비수행을 먼저 하고 마음챙김 명상을 하는 것이 효과가 있었다. 자비수행과 마음챙김은 상황에 맞추어 유연하게 사용하면 된다.

척추를 똑바로 세우고 몸의 힘을 뺀 다음에 편안한 자세로 천천히 자비 문구를 암송해 보라. 자비수행은 자기를 포함하여 이 세상의 모든 사람이 행복하기를 바라는 마음으로 한다.

자비수행은 자기로부터 시작하여 사랑하는 사람, 존경하는 사람, 중립적인 사람 그리고 자신에게 상처를 준 사람을 떠올리며 그 사람의 고통이 줄어들고 행복하기를 바라는 마음으로 한다. 하지만 자비수행을 하면서 자비의 대상에 집착하지 않도록 조심해야 한다.

자비수행은 자기 자비수행과 타인 자비수행으로 나뉘지만, 자비수행을 한 후에는 자신과 타인이 하나라는 것을 알게 될 것이다.

자기 자비수행

자기 자비수행은 '자기연민수행'이라 부르기도 한다. 자기 자비수행은 지금 나의 마음을 따스한 자비의 마음으로 가득 채우는 것이다. 지금 자신의 마음이 불안하고, 고통스럽더라도 그런 자신의 마음을 알아차리고 받아들이면서 자신에게 사랑의 마음을 보낸다. 자기 자신의 실패와 좌절을 자기와 동일시하지 않고 한 발 떨어져 바라보면서 그런 자신을 위로해 준다. 경우에 따라서는 자신의 아랫배나 가슴에 두 손을 얹고서 자비수행을 할 수 있다.

자기 자비수행은 내가 진정으로 고통이 없고 행복하기를 바라는 마음으로 한다. 자신이 실수하거나 나쁜 짓을 하였더라도 본성으로서의 자신이 귀중한 존재임을 인식하고 자신을 품어 준다. 자기 자비수행으로 마음이 따스해지면 타인 자비수행을 한다.

자기 자비수행은 특정한 자비 문구가 따로 정해져 있는 것은 아니다. 그러므로 자신에게 맞는 문구를 선택해서 반복한다. 시간이 있을 때마다 자주 음송하면 마음이 편안하고 따스해진다.

다음은 일반적으로 자기 자비수행에서 사용하는 문구들이다.

"내가 고통에서 벗어나기를"
"내가 바라는 바가 이루어지기를"
"내가 건강하기를"

"내가 행복하기를"

　자기 자비수행의 문구는 "내가 위험이 없기를!" "내가 건강하기를" "내가 행복하기를" 등으로 하나하나씩 할 수도 있고, "내가 안전하고, 건강하고, 행복하기를 바랍니다."와 같이 묶어서 할 수도 있다.

　자기 자비수행은 눈을 뜨고 해도 되지만 눈을 감고 하는 것이 좋다. 자비수행 문구를 음송할 때는 혼자 속으로 말하거나 소리 내어 말할 수 있다. 자기 자비의 문구나 진행방식은 개인의 상황에 맞추어 유연하게 실시한다.

　자기 자비수행 프로그램을 할 때는 자기를 대상으로 편지 쓰는 시간을 가질 수 있다. 자기 자신이 고통이 없고 행복하기를 바라는 마음으로 자신에게 편지를 쓰는 것이다. 자신이 쓴 편지를 읽음으로써 마음이 따스해지면서 행복을 느끼게 된다.

　자기 자비수행은 자신을 믿으면서 자신을 성장시키는 것으로, 제3자가 자신에게 하듯이 자신을 있는 그대로 격려하고 사랑하는 것이다. 자신의 잘못과 실패, 부족한 점을 그대로 주시하고 받아들이면서 사랑과 따스한 마음으로 자비수행을 하면 수행하는 사람의 마음이 먼저 따스해지면서 타인에 대한 자비의 마음이 일어나고, 자신의 성격도 긍정적으로 바뀌어 간다.

타인 자비수행

타인 자비수행은 타인의 고통과 어려움이 줄어들고 그 사람이 편안하고 행복하기를 바라는 마음으로 한다. 특히 지금 대상이 되는 사람이 어려운 입장에 처해 있다면, 그 사람의 입장에서 바라는 일이 잘 이루어지는 것을 상상하면서 자주 자비수행을 한다. 타인 자비수행의 문구는 그 사람이 행복하기를 바라는 마음으로 적절한 내용을 선택한다.

자기 자비수행으로 가슴이 따스해지면 타인 자비수행이 잘 된다. 그래서 보통은 자기 자비수행을 하고 타인 자비수행을 한다. 하지만 본인 나름대로의 이유로 자기 자비수행을 하기가 힘든 사람은 타인 자비수행을 먼저 하고 자기 자비수행을 해도 되며, 타인 자비수행만 실시할 수도 있다.

타인 자비수행은 자기가 사랑하고 존중하는 사람을 대상으로 시작한다. 예를 들어, 가족, 스승, 친구부터 시작할 수 있다. 그 다음에는 알고 있지만 친하지 않은 사람, 중립적인 사람, 나중에는 자신에게 상처를 준 사람에게로 점차 그 범위를 넓혀 나간다. 그러나 돌아가신 분을 대상으로는 하지 않는다. 돌아가신 분을 위해서는 기도를 한다.

자비수행을 하기 전에 자비수행 대상자에 대해 고마운 점을 먼저 생각해 본다. 그리고 그 사람이 진정으로 고통이 없고 행복하기를 바라는 마음으로 자비수행을 한다. 자비의 대상이 행복한 모습으로 내 앞에 와 있다고 상상하면서 자비수행을 할 수 있다.

예를 들어, 친구에 대해 자비수행을 한다면 지금 친구가 내 앞에서 행복하게 미소 짓고 있다고 상상하면서 자비수행을 한다. 이때 간절한 마음으로 진정성을 담아야 한다.

타인 자비수행은 그 사람에 대한 호칭이나 이름을 부르면서 한다. 타인에 대한 문구는 자신이 원하는 대로 할 수 있으며, 다음의 예와 같이 할 수도 있다.

- "아버지가 고통에서 벗어나시기를"
- "아버지가 건강하시기를"
- "아버지가 바라는 바가 이루어지기를"
- "아버지가 행복하시기를"

- "영수가 고통에서 벗어나기를"
- "영수가 건강하기를"
- "영수가 바라는 바가 이루어지기를"
- "영수가 행복하기를"

힘들 때일수록 자비수행과 마음챙김 명상을 더 자주 한다. 지금 나의 상황이 여의치 않다면 자비수행과 마음챙김이 더 필요할 때다. 나의 마음에 분노라는 손님이 방문하였음을 알아차리면 먼저 자기 자비수행으로 마음을 안정시킨다. 자비수행을 반복하면 마음이 진정되어 편안해지고 너그러워진다. 불행한 시간을 줄이기 위해서는 분노가 일어날 때 빨리 이를 알아차리면서 "내가 건강하기를" "내가 행복하기를"와 같이 자기 자비수행을 한다. 자기 자비수행이 잘 되지 않으면 부모, 자녀, 배우자 등 가족을 대상으로 타인 자비수행을 먼저 한다.

마지막으로, 자비수행은 실천이 따라야 한다. 사랑하는 사람이 행복하기를 진정으로 바란다면 그 사람의 행복을 위해 지금 내가 할 수 있는 일을 찾아 실천하여야 한다. 자기 자비수행으로 마음이 따스해지면서 편안해지고, 타인 자비수행으로는 연민과 사랑을 느낄 수 있다. 진심으로 그 사람이 행복하기를 바라면서 그 사람에게 도움이 되는 행동할 수 있다.

자기 자비수행을 지속하면 희망과 용기가 생긴다.
타인 자비수행을 실천하면 연민과 사랑을 느낄 수 있다.

02

마음챙김과
건강한 삶

- 자기치유하기
- 행복하기

자기치유하기

누구나 이 세상에서 가장 귀중한 사람은 자기 자신이다. 각자는 자신의 몸과 마음을 잘 관리하고 사랑해야 할 책임이 있다. 나를 올바로 이해하고 사랑하지 않으면 가족이나 이웃을 제대로 사랑할 수 없다.

우리는 자기 욕심이나 분노, 어리석음 등으로 고통에 빠지기도 하고, 다른 사람에게 상처를 주기도 한다. 지금 나에게 일어나는 욕심과 분노를 분명하게 알아차리고 받아들이는 순간, 마음이 편안해지면서 상황에 맞게 조절할 수 있다. 내가 친구에게 전화했는데, 친구가 전화를 받지 않아서 화가 났다면 "내가 무시당한다고 생각하니 화가 났구나." 하고 분명하게 알아차린다. 자신의 마음을 알아차리면 분노에 끌려다니지 않고 지금 여기서 내가 해야

할 일을 할 수 있다.

하지만 마음챙김만으로 잘되지 않는 경우가 있다. 그럴 때는 다음과 같이 마음챙김에 기반을 둔 인지행동적 방법을 사용할 수 있다.

예를 들어, 친구가 나의 전화를 받지 않는 상황이라면, 먼저 "내가 화가 났구나!" 하고 자신의 마음을 하고 알아차린다. 다음으로 척추를 똑바로 세운 후 다섯 번 정도 심호흡을 한다. 마음이 조금 편안해지면 생각을 긍정적으로 바꾸어 본다. '그 친구가 바쁜 모양이구나!' '무슨 일을 하고 있겠지!' 하고 생각한 다음에 지금 내가 해야 할 일을 한다. 이때 척추를 똑바로 세우는 것이 중요한데, 척추를 똑바로 세우면 호흡이 편안해지면서 마음도 안정되기 때문이다.

어떤 마음이 일어나더라도 마음을 손님으로 분명하게 알아차리는 것이 중요하다. 손님이 왔다는 것을 알아차리는 것만으로도 손님에 끌려다니지 않게 된다. 지금 내가 화가 나거나 불안하다면 이를 알아차린다. 다음으로 척추를 똑바로 세우며 심호흡한다. 마음이 편안해지면 긍정적이며 합리적인 방향으로 생각을 바꾼다. 지금 나에게 어떤 생각이 떠오르는지를 분명히 알아차리고 척추를 똑바로 펴고 호흡을 편안하게 하면 생각을 긍정적으로 바꾸기가 쉽다.

'일체유심조(一切唯心造)'라는 말이 있다. 모든 것은 생각하기 나름이고 생각은 모든 것을 만든다. 지금 어떤 생각이 떠오르면 이를 알아차리고 마음을 차분하게 한 후에 이 생각이 과연 나와 가족의 행복에 도움이 되는지를 살펴본다. 만약 이 생각이 도움이 되지 않는 생각이면 생각을 바꾸어 본다. 내 인생의 주인공은 생각이라는 손님이 아니라 생각을 알아차리는 운전사라는 것을 명심해야 한다.

우울

우울은 슬픔, 공허감, 일상에서 흥미나 즐거움의 저하, 무력감과 짜증스러운 기분으로 표현된다. 우울한 사람은 자신을 지나치게 부정적으로 보기에 자신의 과거와 미래, 주변 환경도 부정적으로 보게 된다. 우울하거나 공허하면 술이나 성(性) 같은 자극적인 대상으로 도피하는 사람도 있다. 도피하는 것이 습관이 되면 조절력이 점점 손상되고, 도피하는 대상의 노예로 살게 된다. 우울할 때 마약으로 도피하면 마약의 노예가 된다. 우울할

모든 것은 생각하기 나름이고
생각은 모든 것을 만든다.

때는 우울한 기분을 알아차리면서 '이 또한 지나가리라' '나의 성장을 위한 중요한 과정이다.' 하고 생각하며 스스로 격려한다. 우울할 때는 이를 알아차리고 받아들이면서 자기 성장의 중요한 과정으로 삼아야 한다.

어두운 색은 어두운 색끼리
밝은 색은 밝은 색끼리 서로 가깝게 지낸다.

우리의 몸과 마음은 같이 움직이기에 지금 나의 몸 상태는 생각과 감정에 영향을 준다. 몸이 피곤할수록 부정적 내용의 기억이 더 잘 떠오른다. 또 부정적 감정은 부정적인 기억을 더 많이 불러온다. 기분이 우울하면 그와 관련된 부정적 기억들이 떠오르면서 더 우울해진다. 이때 그런 기억이라는 손님이 왔다는 것을 알아차리라.

부정적 감정은 부정적 사고의 영향을 받는다. 운전사는 생각이라는 손님이 왔다는 것을 알아차리고 척추를 똑바로 세우고 심호흡을 한 후에 생각을 긍정적으로 바꾸고 지금 자신이 해야할 일을 한다.

우울할 때는 쉬면서 자신의 몸을 잘 보살피고 챙겨야 한다. 몸을 이완시키는 운동이나 요가, 산책을 하면 기분이 좋아진다. 충분히 휴식하고 영양분 있는 음식을 먹으면서 자신의 몸을 잘 관리한다. 몸이 건강하면 정신도 건강하고, 몸이 이완되면 마음도 편안해진다.

우울한 감정은 자기 내면의 분노와도 관련된다. 우울할 때는 믿을 수 있는 누군가에게 억울하고 화가 난 감정을 속 시원하게 표현해 보라. 그러면 기분이 나아질 것이다.

또한 나보다 더 힘든 사람을 찾아가 봉사하면 오히려 내가 위로받고 마음이 편안하며 따스해진다. 같이 갈 수 있는 사람이 있다면 함께 봉사하는 것이 좋다. 마음을 다해 봉사하면서 다른 사람들이 기뻐하고 감사하는 것을 보면 나의 기분도 좋아진다.

자비수행을 하는 것도 도움이 된다. 척추를 똑바로 세우고 호흡에 집중한 후에 진실한 마음으로 가슴이 따스해질 때까지 "내가 건강하기를" "내가 행복하기를"과 같은 문구를 가지고 자비수행을 한다. 만약 자기 자비수행이 잘 되지 않으면 부모나 자녀 등 가족에 대한 자비수행을 먼저 시작한다.

불안

살아 있는 모든 사람은 정도의 차이가 있으나 불안과 걱정을 가지고 살아간다. 불안이 심하면 공부나 일에 집중하기가 어렵고 대인관계가 편하지 않으며 건강이 나빠진다. 불안하면 호흡도 달라진다. 불안할 때는 호흡이 얕으며 짧고 빨라진다.

지금 불안하면 '손님'이 왔다는 것을 알아차리고 척추를 똑바로 세우고 심호흡을 한 후에 생각을 바꾸어 보라. 가수 송가인은 『송가인이어라』라는 책에서 자신의 불안을 효과적으로 다스리는 방법으로 "나는 무대에서 떨릴 때면 가만히 호흡에 집중한다. 세상에서 가장 중요한 것이 호흡인 것처럼"이라고 말했다. 호흡이 조절되면 마음이 조절된다. 호흡이 길고 깊어지면 마음이 안정되고 몸도 이완된다.

불안할 때는 몸을 이완시키는 요가나 운동을 통해 불안을 줄일 수 있다. 자비수행을 하면 불안이 감소된다. 척추를 똑바로 세우고 호흡에 집중한 후 자비수행을 시도해 보라. "내가 평안하기를" "내가 건강하기를" "내가 행복하기를……."

지금 이 순간이 불안하다면 손님이 왔다는 것을 알아차리고 호흡과 몸의 느낌에 집중해 보라. 척추를 똑바로 세우고 천천히 호흡하면서 몸을 이완시키면 마음이 편안해진다.

스트레스

인생이라는 길에는 맑은 날도 있고 흐린 날도 있다. 흐린 날은 흐린 날 그대로 받아들이면서 지금 이 순간 자신이 해야 할 일을 하듯이 스트레스가 오는 날도 그대로 받아들이고 지금 이 순간 내가 해야 할 일을 한다.

스트레스는 사건 자체가 아니라 그 사건을 어떻게 받아들이고 생각하느냐에 달려 있다. 사람이 많은 곳에서 발표하는 것이 어떤 사람에게는 즐거움이 될 수도 있으나, 어떤 사람에게는 스트레스로 느껴질 수 있다. '이왕 지금 내가 해야 할 일이라면 신나게 해 보자!'라고 생각하면 스트레스가 줄어든다.

스트레스라는 손님이 오면 지금껏 자신에게 효과가 있었던 스트레스 관리법을 사용하라. 다음은 흔히 사용할 수 있는 방법이다.

- 편하게 이야기할 수 있는 누군가에게 감정 표현하기
- 기도, 명상하기
- 몸을 이완시키는 운동이나 요가하기
- 일부러 신나게 웃기
- 자신감을 가지고 행동하기
- 생각을 긍정적으로 바꾸기
- 스스로에게 격려의 편지 쓰기
- 취미생활하기
- 글로 표현해 보기
- 산책하기
- 맛있는 음식 먹기

지금 이 상황에서 자신이 할 수 있는 방법 중에서 가장 효과적이었던 것을 선택하여 시도해 보라. 나는 스트레스를 받을 때 등산을 자주 한다. 약간은 힘든 코스를 선택하여 정상을 다녀오는 것이다. 땀을 흘리면서 힘들게 산을 오르면 성취감을 느낄 수 있다. 또 산을 오르는 도중에 만나는 자연의 아름다움에서 기쁨을 느끼고 위로를 받는다.

"호랑이에 물려 가도 정신만 차리면 산다."라는 말이 있다. 어려울 때일수록 자기 주시가 필요하다. 스트레스라는 손님이 왔을 때 이를 알아차리고 받아들이면 그 손님에게서도 많은 것을 배우면서 자신이 성장할 수 있다.

살면서 나로서는 어쩔 수 없는 일이 있다. 내가 바꿀 수 없는 것은 받아들이고, 내가 할 수 있는 일은 용기를 내어 도전해 보라.

힘든 환경에서 자란 꽃이 더 향기롭다. 스트레스나 어려움을 잘 이겨 낸 사람에게는 사람의 향기가 풍긴다. 니체는 "고통이 나를 죽이지 않는다면 나를 더 강하게 한다."라고 하였다. 내가 고통을 잘 이겨 내면 가족과 주변 사람들은 나로 인하여 용기를 얻고 희망을 가진다. 알코올 자조 모임인 AA에 참여한 중독자들은 그곳에서 잘 회복 중인 사람을 만나면서 회복에 대한 희망과 용기를 얻는다.

자비수행은 스트레스로부터 자신을 보호한다. 심호흡을 한 후에 자신부터 시작해서 가족 그리고 모든 사람이 진정으로 행복하기를 바라는 자비수행을 해 보라.

"내가 편안하기를"
"내가 건강하기를"
"내가 행복하기를"

"그가 편안하기를"
"그가 건강하기를"
"그가 행복하기를".

마음챙김이나 영적 수행은 내면의 그릇을 키우고 유연하게 하여 스트레스를 잘 견디도록 해 준다. 꾸준히 마음챙김을 하면 같은 상황에서도 이전에 비하여 스트레스나 고통을 덜 받게 되어 마음이 편안해진다.

알아차림

나는 지금 스트레스를 받고 있는가? 스트레스를 효과적으로 잘 관리하고 있는가?

분노

분노는 자신을 보호하기 위해 필요한 감정이다. 분노가 있어야 다른 사람에게서 자신을 방어할 수 있고, 자신의 뜻을 이룰 수 있다. 하지만 적절하지 않거나 지속적인 분노는 신체 건강을 해치고 사람들과의 대인관계를 어렵게 하며, 업무 수행 능력을 저하시킨다.

그러므로 마음챙김으로 분노를 잘 다스려야 한다. 분노는 강렬한 감정이기에 분노가 왔을 때 빨리 알아차리지 않으면 분노라는 손님이 자동차를 태풍 속으로 몰고 간다. 분노라는 손님이 오면 즉시 알아차리라. 분노라는 손님을 알아차리면 손님의 힘은 약해진다. 누가 나를 무시하였다고 생각하면 화가 날 것이다. 이때 분노라는 손님이 왔음을 알아차리고 척추를 똑바로 세우며 심호흡을 하면서 분노 후의 결과를 생각해 본다.

대부분의 사람은 분노가 일어날 때 화가 난 감정을 직접 표현하거나 억압한다. 분노를 직접 표현하면 대인관계가 악화되기 쉬우며 나중에 후회할 수도 있다. 반면, 분노를 억압하면 마음이 편안하지 않고 신체 건강도 나빠진다. 마음챙김으로 분노를 다루는 것은 나를 사랑하고 상대를 배려하는 것이다.

귀중한 나의 마음 항아리에 분노라는 독약을 담아 둘 수 없다.
마음챙김과 용서로 독이 든 항아리를 빨리 비우고
나의 마음을 사랑과 기쁨으로 채워 보라.

화가 날 때는 화가 난 마음을 알아차린 다음, 상대방에게 '나-표현법'으로 자신의 감정을 표현하면 대인관계가 원만해진다. 약속 시간을 정해 놓고 지키지 않은 친구에게는 "네가 약속 시간을 정해 놓고 시간을 지키지 않으니깐 화가 난다. 앞으로 약속 시간을 잘 지켜 주기 바란다."와 같이 자신의 마음 상태를 표현한다. 나-표현법은 공격적인 언어 표현이 아니라 자기 감정을 상대에게 정직하게 보여 주면서 자신을 지키는 방법이다. 나-표현법을 사용하면 처음에는 어색할 수 있으나 나중에는 상대와의 관계도 편안하고 자연스러워진다. 상대도 스스로 좀 더 조심해서 말하고 행동하려고 노력한다.

다른 사람에 대한 분노가 자신에게 향하면 그것은 자학이다. 분노가 일어날 때 '분노가 일어나고 있구나!' 하면서 자신의 마음을 분명하게 알아차리면 분노가 자신의 내부로 향하지 않는다.

마음챙김으로 분노를 다루는 것은
나를 사랑하고 상대를 배려하는 것이다.

상대와 대화 중 분노가 일어나면 일단 그 장소를 빨리 피하라. 장소나 환경이 바뀌면 자신의 기분도 달라진다.

분노가 일어날 때 몸의 느낌에 집중하여 몸의 어떤 부위에서 어떤 감각이 일어나는지 관찰해 보라. 호흡명상, 걷기명상도 도움이 된다. 분노가 일어나면 심호흡을 한 후에 자비수행을 하라. 진심과 사랑을 담아 자기 자비수행부터 시작하라.

한(恨)

한(恨)은 우리나라 특유의 정서다. 한은 억울함, 울분, 슬픔, 서운함, 외로움 등이 뭉쳐 있는 감정이다. 지금껏 내가 살아오면서 억울하였던 일, 섭섭하였던 일, 분한 일, 슬펐던 일, 수치심을 느꼈던 일이 모여서 한이 된다.

슬픔이 일어나면 분명하게 알아차리고 자기를 위로한다. "많이 힘들었겠구나!" "그동안 외로웠겠다" 하면서 스스로를 위로해 주라. 사랑하는 부모가 나를 바라보듯이, 사랑하는 친구가 나를 대하듯이, 그렇게 스스로를 바라보고 챙겨 주라.

잠시 척추를 똑바로 세우고 심호흡을 한 다음에 생각을 긍정적으로 바꾸고 지금 내가 해야 할 일을 해 보자.

일상에서 수시로 다음 순서대로 적용해 보라. 꾸준하게 연습하여 자신을 행복하게 만들어 보라.

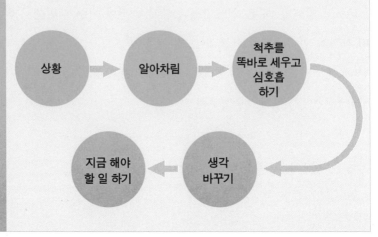

중독

나는 지금 무엇에 중독되어 있는가?

중독자는 중독 대상의 노예로 살아간다. 알코올 중독자는 술의 노예로, 도박 중독자는 도박의 노예로, 성 중독자는 성의 노예로 살아간다. 이러한 중독자의 공통점은 중독 대상을 생각하거나 섭취할 때 대뇌에서 분비되는 도파민이 주는 쾌감에 중독되어 있다는 것이다.

중독자의 특성 중 하나는 자신을 속이는 것이다. 중독자가 보이는 부정(denial)의 방어기제는 의식 수준이 아니라 무의식 수

준에서 일어난다. 알코올 중독자는 자신이 술을 조절할 수 있고, 언제든지 그만 마실 수 있다고 믿으면서 술을 계속 마신다.

중독자가 자신의 문제를 정직하게 인정하고 가족, 전문가, 하느님께 도움을 청한다면 이때부터 회복은 시작된다.

중독은 비각성 상태다. 지금 내가 갈망이 일어난다는 것을 알아차리면 중독을 예방하고 회복을 유지할 수 있다.

내성과 금단증상은 중독자에게 흔히 일어나는 현상이다. 내성은 동일한 효과를 얻기 위해서 양이 많아지고 횟수가 잦아지는 것이다. 마약중독자는 처음에는 한 번 필로폰 주사를 맞는 것으로 강렬한 쾌감을 느끼지만, 나중에는 하루에 주사를 몇 번이나 맞아도 처음에 느낀 정도의 쾌감을 느끼지 못한다.

금단증상은 신체적 금단증상과 심리적 금단증상으로 구분된다. 신체적 금단증상은 알코올 중독의 경우 금주를 하면 몸이 고통스러워지는 것이다. 그래서 알코올 중독자는 해장술을 마시면서 금단증상의 고통을 피하려 한다. 심리적 금단증상은 중독자가 중독물질을 끊으면 불안해하고 우울해하며 초조해지는 것이다.

내성과 금단증상으로 인간의 심리를 이해할 때, 평범한 것에서 만족할 줄 아는 사람이야말로 지혜로운 사람임을 알 수 있다. 인간의 욕망은 내성을 가지고 있기 때문에 만족하기 어렵다. 마음챙김으로 적당한 선에서 멈추고 만족할 수 있으면 중독에 빠지지 않고 행복하게 살아갈 수 있다.

상황에 맞추어 멈출 줄 아는 사람은 행복을 아는 사람이다.

회복 유지를 위해서는 갈망을 잘 다스려야 한다. 갈망이라는 손님이 찾아오면 그대로 이를 알아차리고 받아들이라. 그러면 갈망의 힘은 약해진다. 알코올 중독자에게 갈망이 오면 '손님이 왔네!' 하고 이를 알아차린다. 하루에도 몇 번이나 갈망이 일어날 수 있다. 그럴 때마다 갈망을 분명하게 알아차린다.

알코올 중독으로부터 회복 중인 K선생은 외로울 때마다 술을 마시던 기억이 있다. 지금도 간혹 외로움이 밀려오면 술에 대한 갈망이 일어난다. 그럴 때마다 이를 알아차린다. 그래도 갈망이 지속되면 다른 곳으로 주의를 돌린다. 기도를 하거나 자가 웃음 치료를 한다. "갈망이라는 손님을 다스리는 데는 마음챙김이 제일 효과가 있다."라고 말한다.

갈망이 오면 그대로 이를 알아차린다. 알아차리면 갈망의 힘이 약해지고 주시하는 힘은 강해지면서 갈망이 사라진다. 갈망이 찾아올 때 '지금 내가 외로워서 술에 대한 갈망이 일어나는구나!' 하고 이를 알아차리고 '지금 술을 마시면 내가 술로 인해 죽을 수밖에 없다.'라고 생각한다. 갈망이 일어나면 척추를 똑바로 세우고 심호흡을 한 다음에 음주를 한 후의 결과를 생각하면서 지금 여기서 자신이 해야 할 일에 집중한다.

알코올 중독자는 단주와 회복 과정에서 오는 고통과 상실감을 알아차리고 이를 받아들여야 한다. 일시적이지만 술은 기분을 좋게 해 주고, 자신을 위로해 준 친구였기 때문이다. 회복을 위해서는 이제 자신이 그러한 고통을 충분히 감내할 수 있다는 자신감을 가져야 한다.

알코올 중독자가 대인관계에서 문제를 겪으면 술에 대한 갈망이 일어나는데, 이때 갈망을 알아차리면 마음이 편안해지면서 갈망이 서서히 사라진다. 또 마음챙김을 꾸준하게 하면 대인관계에서의 불편함도 그대로 받아들일 수 있어 술에 대한 갈망도 줄어든다.

중독자가 회복하기 위해서는 자신의 문제를 정직하게 인정하고 삶의 태도를 바꾸어야 한다. 같은 직장에 다니면서 함께 도박을 시작한 두 친구가 있었다. 3년 후 둘 다 억대의 도박 빚을 지게 되었다. 그중 한 친구는 자신의 문제를 정직하게 인정하고, 돈을 아끼고 저축하면서 시간이 날 때마다 다른 중독자의 회복을 도우면서 살아왔다. 그 결과, 도박을 그만둔 지 5년이 채 안되어 부채를 다 갚고 새로운 집까지 마련할 수 있었다. 하지만 한 친구는 "도박으로 빚을 갚겠다."라면서 도박을 계속하면서 궁핍하게 생활하고 있다.

알코올 중독에서 회복 중인 사람들은 지금 술을 한 잔 마시면 그것이 자신을 죽음으로 이끌고 간다는 것을 너무나 잘 알고 있다. 하지만 단주만 요구하는 것은 회복자에게 지나친 고통이 될 수 있다. 회복을 잘 유지하기 위해서는 알코올 중독자가 자기를 사랑하고 술 없이도 행복할 수 있는 방법을 찾아야 한다.

예를 들어, 내가 매주 상담하고 있는 꽃동네 알코올치료공동체의 형제들은 신앙 가지기, 상담받기, 자조모임 참석하기, 마음챙김하기, 자연 속에서 산책하기, 운동하기, 노래하기, 반려동물 키우기 등을 통해 회복을 잘 유지하고 있다. 회복 유지를 위해서는 자신에게 의미 있는 일, 즐거운 일을 찾아야 한다. 특히 회복 중인 중독자가 다른 중독자를 돕는 것은 자존감을 높이고 삶의 의미를 주면서 회복을 잘 유지시켜 준다. 다른 중독자를 잘 돕는 사람일수록 회복을 잘 유지한다.

중독자가 행복하면 중독 대상에 대한 갈망이 줄어든다. 지금 자신의 처지에 감사하고 만족하면서 겸손하게 생활하면 중독에서 벗어날 수 있다.

우리 사회에서 중독자의 회복에 가장 큰 역할을 할 수 있는 사람은 가족이다. 가족이 건강해야 중독자의 회복에 도움을 준다. 반면, 알코올 중독자가 술에 의존하듯이 중독자 가족이 중독자에게 의존할 수도 있는데, 이것을 '공동의존'이라 한다. 공동의존된 가족은 중독자가 회복하는 데 장애가 된다. 가족은 중독자뿐만 아니라 본인을 위해서도 중독자와 정서적으로 분리·독립되어야 한다. 가족이 건강하고 편안해야 중독자에게 올바른 도움을 줄 수 있다. 가족은 중독과 중독자에 대해 올바로 이해하면서 중독자와 정서적으로 독립해서 살아가야 한다. 가족이 마음챙김하면 마음이 편안해지면서 상황에 적절하게 대처할 수 있어 중독자의 회복에 도움 준다.

알아차림

중독을 예방하기 위한 좋은 방법은 무엇인가?

행복하기

마음챙김으로 행복하기

조화롭게 살기

우리의 건강과 행복은 조화로운 것에서 비롯된다. 몸, 마음, 영성, 대인관계는 서로에게 영향을 미친다. 몸이 건강해야 마음이 건강하고, 마음이 건강하면 다른 사람과의 관계도 좋아지고 영적으로 살아가는 영성살이도 잘 된다. 대인관계가 잘 되면 몸도 마음도 건강해진다. 양심상 편안하지 않으면 몸도 마음도 편안하지 않다. 또 영성살이를 잘하면 몸과 마음이 더 건강해지면서 남을 잘 배려할 수 있다. 마음챙김은 지금-여기를 있는 그대로 알아차리면서 상황을 총체적으로 보게 하여 조화로운 삶을 살도록 돕는다.

깨어 있는 행복 느끼기

꾸준히 마음챙김하면 지금-여기에 온전히 깨어 있는 행복을 느낄 수 있다. 외부적 조건에서 오는 일시적 만족과 달리 마음챙김을 하면 마음이 평화롭고 자기를 사랑하게 된다.

나는 최근 조그마한 텃밭을 가꾼 적이 있다. 텃밭에는 상추를 심었는데, 며칠 있다가 가 보면 상추와 풀이 함께 자라고 있다. 상추는 물을 주면서 잘 크게 하고, 잡초는 뽑아 버린다. 우리 마음도 마찬가지다. 나를 행복하게 하는 지혜로운 생각은 키워 주고, 나를 불행하게 하는 어리석은 생각은 알아차려 줄여 나간다. 내 마음 밭에서 생각이라는 잡초가 자라는 것을 알아차리면, 잡초는 힘을 잃고 마침내 시들고 만다. 그러나 잡초가 자라는 것을 보지 못하면 무수한 잡초가 점점 커 가면서 힘이 강해지고 나중에는 뽑아내기가 쉽지 않다. 마찬가지로 자주 마음챙김을 해야 손님의 힘이 약해지면서 쉽게 사라져 간다.

바닷가에서 쉴새 없이 몰아치는 파도처럼 나의 몸과 마음에는 지금도 수많은 손님이 오고 간다. 운전사가 손님이 올 때, 오는 것을 분명히 보고 있으면 손님이 운전사를 함부로 대하지 못한다. 지금 깨어서 나의 마음에 찾아오는 손님을 분명히 알아차리면 마음이 편안해지면서 깨어 있는 평화를 느낄 수 있다.

알아차림

지금 1분간 가만히 눈을 감고 내 몸에서 일어나는 느낌을 알아차린다. 기분이 어떻게 달라지는가?

참나 의식하기

꾸준하게 마음챙김하면 의식수준이 높아지고 내면의 거룩한 본성인 참나를 만나게 된다. 이 거룩한 본성은 내 마음 안에 이미 존재하고 있었는데 내가 발견하지 못하였을 뿐이다. 성철 스님은 "우리는 모두가 본마음을 가지고 있어서 오랜 세월 영원히 변함이 없다. 우리의 본마음은 생각으로도 미치지 못하고 말로도 형용할 수 없는 보물이다. 본마음은 거울과 같아서 아무리 오랫동안 때가 묻고, 먼지가 앉아 있어도, 때만 닦아 내면 본 거울 그대로다."라고 말씀하셨다. 누구나 자신에게 귀중한 본성이 있음을 믿고 마음챙김으로 이를 닦아서 빛을 내어야 한다.

거울에 비치는 물체는 그때그때 달라지지만 거울은 그대로이듯 자동차에 타고 내리는 손님은 달라지지만 알아차리는 운전사는 그대로다.

꾸준한 마음챙김 수행을 통해 집착과 욕심이라는 손님들이 점차 사라져 가면, 마침내 거울과 같은 운전사의 본성을 볼 수 있다. 본성으로는 지금 내가 다른 사람과 다르지 않음을 알게 된다. 인간적인 입장에서는 나쁜 사람일지라도 본성으로는 모두가 하느님의 모상대로 만들어진 귀중한 존재다. 꾸준한 마음챙김으로 자신의 본성을 만나고 자신을 사랑할 수 있으면 자연스레 타인을 존중하고 사랑하게 된다.

꾸준하게 마음챙김하면 의식수준이 높아지고
내면의 거룩한 본성을 만날 수 있다.

마음챙김이 되면 자기를 잘 이해하기에 다른 사람을 있는 그대로 보고 품어 줄 수 있는 여유가 생기면서 상대의 단점도 좀 더 편안하게 받아들일 수 있다.

나는 정말로 나를 사랑하는가? 나에게 중요하고 의미 있는 일은 무엇인가?

무위자연(無爲自然)의 자존감은 자연으로서 나, 본성으로서의 내가 귀중한 존재임을 알고 만족한다. 사회적 지위, 재산, 학력 등과 자기를 동일시하지 않고 지금 이대로의 자기를 인정하고 존중한다.

다른 사람의 인정이나 무엇을 성취해서 얻게 되는 에고(ego)적 자존감은 조건이나 상황에 따라 변화하고, 다른 사람과 비교하므로 불안정하다. 또 에고적 자존감은 '나'라는 집착이나 '나'라는 상[我相]에서 비롯되었기 때문에 자신과 다른 사람을 분리하고 분열시키기도 한다. 하지만 무위자연의 자존감은 자연으로서의 나와 다른 사람이 모두 귀중한 존재임을 안다. 지속적인 자기주시로 집착과 욕심을 줄여 나가면 무위자연의 자존감을 가지면서

무위자연의 자존감은 자연으로서의 나,
본성으로서의 나를 알고 만족한다.

자기 주시 ➡ 무위자연의 자존감 ➡ 행복

이웃과 조화롭게 살아갈 수 있다.

사람이 다른 사람에게 인정을 받거나 무엇을 소유할 때 기분이 좋은 것은 보상효과를 주는 도파민이나 엔도르핀 등의 신경전달 물질이 대뇌에서 분비될 때 느끼는 쾌감과 관련이 있다.

도파민 분비에서 느끼는 쾌감과 달리 무위자연에서의 자존감은 지속적인 평화와 자유로움을 가진다. 노자는 "성인은 누더기 속에 옥을 품고 있는 자(聖人 被褐懷玉)"라고 하였다. 알아 주는 사람이 없어도 자기 내면에 귀중한 보물이 있음을 알기에 남들이 어떻게 보든 자신을 존중하면서 지금 이대로에 만족할 줄 안다.

무위자연에서의 자존감은 "하느님이 거룩한 것 같이 너희도 거룩하여라."라는 그리스도의 말씀처럼 신의 모상으로 만들어진 지금 이대로의 내가 거룩하고 귀중한 존재임을 아는 것이다. 주체성이 있으면 자기를 지키면서도 타인과 편안한 관계를 맺을 수 있다.

내가 잘났다고 생각하는 것이나 내가 못났다고 생각하는 것이나 모두 '나'라는 것에 집착하기 때문에 일어난다. 지금 나의 마음에 와 있는 집착이라는 손님을 알아차리라. 자기 집착을 알아차리고 줄여 나가면 무위의 평화를 느낄 수 있다.

어릴 때 순수했던 동심을 한번 느껴 보자. 내가 술, 도박, 게임을 할 때 느꼈던 쾌감과 동심을 비교해 보라. 어느 것이 나를 더 평화롭게 하는가?

자기 주체성 가지기

자기 주체성이 있으면 자기를 존중하면서 타인과 원만하게 관계를 맺는다. 주체성의 확립은 어린 시절 부모의 양육 태도와도 관련이 있다. 부모가 아이를 존중하면서 자율성을 키워 주면 아이의 주체성이 잘 형성된다. 그러나 주체성이 제대로 형성되지 못하면 성인이 되어도 주도적으로 살지 못하고 다른 사람에게 의존하게 된다.

주체성을 가진 사람은 자신이 무엇을 좋아하고 무엇을 잘하는지를 알고 자기 삶의 목표를 정한다. 또 사회의 가치관이나 유행에 따르기보다는 자발성을 발휘하면서 자기답게 살아간다.

진정으로 자신을 사랑한다면 다른 사람이 자신에게 해 주기를 바라는 것을 스스로에게 해 주어야 한다. 다른 사람에게 인정받고 사랑받고 싶은 마음이 있다면 자기 스스로를 먼저 인정하고 사랑하라.

주체성은 인생이라는 여행길에서 스스로 도전하고, 실패하고, 때로는 성공을 이루는 경험을 통해서 형성된다. 주체성을 가지고 있으면 자신을 믿기에 넘어지더라도 다시 일어나서 용감하게 앞으로 나아갈 수 있다.

주체성은 인생이라는 여행길에서 스스로 도전하고,
실패하고, 때로는 성공을 이루는 경험을 통해 형성된다.

건강 관리하기

건강은 행복의 기본이다. 자신을 사랑하는 사람은 자신의 몸부터 잘 관리한다. 몸에 집착하지 않으면서 자신의 몸이 건강하도록 잘 보살피고 관리한다.

노자가 말하였듯이 몸을 건강하게 관리하여 장수하는 것은 인간의 가장 큰 행복이다. 운전사가 자동차의 상태를 수시로 점검하여 잘 관리하면 오래된 자동차도 잘 운행할 수 있듯이, 자신의 몸을 잘 관리하면 나이가 들어도 건강하게 활동할 수 있다.

건강은 건강할 때 지켜야 한다. 자주 자신의 몸에서 느껴지는 감각을 분명하게 알아차리고 몸과 마음을 잘 관리하면 건강을 유지할 수 있다. 병에 걸리더라도 자신의 몸과 마음에 대해 자주 마음챙김하면 마음이 편안하고 건강해진다.

지속적인 스트레스는 건강을 해친다. 가능하면 스트레스를 받을 만한 상황은 미리 피하는 것이 좋다. 부득이 스트레스를 받을 때는 본인에게 효과가 있었던 해결법을 찾아서 실행해 본다.

지금 마음이 편안하지 않다면 우선 몸에 관심을 두고 몸을 잘 보살피고 관리해 보라. 과일이나 채소 등 몸에 좋은 음식을 섭취하면서 규칙적으로 운동하고 산책하면서 몸을 보살피라. 마음을 다루기 위해서는 요가가 도움이 된다. 요가로 몸을 다스림으로써 마음의 조절도 쉬워진다.

몸의 자세를 바꾸면 마음이 달라진다. 자세가 구부정하면 마음도 약해지고 자신감도 떨어진다. 척추를 똑바로 세우고 씩씩하게 걸으면서, 자신 있게 말하고 행동하면 마음가짐도 달라진다.

시간 관리하기

시간은 쏜살같이 지나간다. 시간 관리를 잘하는 것은 자기 생명을 사랑하는 길이다. 지금 자신이 해야 할 중요한 일의 순위를 매겨 보라. 잠들기 전에도 내일 해야 할 중요하고 급한 일에 대해 생각해 보라. 그리고 아침에 일어나면 오늘 해야 할 중요하고 급한 일을 어떻게 해결할지 계획하고 실천해 보라.

무조건 열심히 공부하고 많이 일하기보다는 해야 할 일, 할 수 있는 일에 집중하는 것이 중요하다. 마음챙김을 하면 집착과 욕심이 줄어들기에 상황에 맞게 일을 할 수 있다.

자주 자신의 몸을 관찰하여 몸이 피곤할 때는 휴식의 시간을 가지는 것이 장기적으로 자신의 행복에 기여한다.

희망 가지기

모든 생명은 살아 있는 한 아직 가능성이 있기에 희망을 잃지 않아야 한다. "쥐구멍에도 볕들 날이 있다."라고 한다. 모든 것은 변한다. 지금은 막막해도 시간이 흐르면 해결될 일도 있다. 지금은 어두워도 곧 새벽이 온다. 지금은 비가 내리지만 언젠가는 그칠 것을 안다. 내일은 내일의 태양이 뜬다. 희망은 생명의 친구다. 내가 살아 있는 한 희망은 있다.

시련은 받아들이기 나름이다. 비는 꽃을 피게도 하지만 지게도 한다. 시련을 어떻게 받아들이느냐에 따라 희망을 가질 수도, 절망에 빠질 수도 있다. 그러므로 시련을 나의 성장의 발판으로 삼을 수 있어야 한다.

상황이 힘들 때는 그대로 알아차리고 받아들인다. 지금 이 문제를 해결하기 위해서 "더 나은 방법이 없을까?" "다르게 하면 어떻게 될까?" "만약 ~하면 어떻게 될까?" 등을 궁리해 보면 해결 방법을 찾을 수 있다. "호랑이에 물려 가도 정신만 차리면 산다."라고 하듯이 힘들수록 마음챙김하면 길을 찾을 수 있다. 막막할 때는 잠시 쉬어 가라. 비가 많이 올 때는 기다리면서 휴식을 취하는 것도 좋다. 물론, 쉬는 동안에는 몸을 잘 관리해야 한다.

절망도 잠시 머무는 손님일 뿐이다. 절망한다면 알아차리고 척추를 똑바로 세우고 심호흡을 한 다음에 '그래, 힘들더라도 포기하지는 말자. 또 다른 방법이 있겠지!' 하면서 자신을 격려하라. 과거에 힘들었던 일을 자신이 잘 견뎌낸 것을 생각해 보는 것도 좋다. 또 자신의 강점에 대해 적어 본다.

잠시 호흡명상을 하고 눈을 감은 다음에 자신이 존중하는 지혜로운 어떤 사람이 지금 자신에게 어떤 말을 해 줄 것인지를 상상해 본다. 또 나를 사랑하는 사람이 지금 나에게 바라는 것이 무엇인지를 생각해 본다.

내가 힘들 때는 오히려 나보다 더 힘든 사람을 찾아가 봉사하면 마음이 따스해지고 자존감도 올라간다. 어려운 상황에서도 포기하지 않고 열심히 살아가는 사람들을 만나면서 용기를 얻을 수 있다.

희망이 우리 곁에 있지만 보지 못하고 찾지 못하여 절망하게 된다. 저 하늘의 수많은 별 중 하나를 나의 희망의 별로 삼아보자(혹은 희망의 별로 이름을 붙여 보자).

알아차림

과거에 내가 힘들었을 때 어떻게 이겨 냈는가?

몰입할 수 있는 일 찾기

몰입하면 행복하다. 내가 즐기고 몰입할 수 있는 건전한 일을 찾아보라. 나에게 행복감을 주었던 일을 찾아서 그 일에 집중해 보라. 이전에 자신이 행복하게 몰입했던 일을 다시 시도해 보라. 생계를 위한 일이면서 몰입할 수 있는 일을 가진 사람은 행복하다.

나에게 삶의 의미와 보람을 줄 수 있는 일을 찾아보라. 삶의 의미와 기쁨이 없다면 공허감에 빠져 술이나 마약, 도박, 성(sex)과 같은 것에 빠질 수 있다.

신앙생활이나 명상, 봉사활동, 예술활동, 운동 등에 몰입하는 것도 좋다. 가능한 가족이나 친구와 함께 몰입할 수 있는 일을 찾아보라.

타인 돕기

영성으로서, 자연으로서 우리는 하나다. 남을 돕는 것이 나를 돕는 것이고, 나를 사랑하는 것이다. 남을 돕는 것은 나를 행복하게 한다. 나의 봉사로 다른 사람의 고통이 줄어들고, 기뻐하는 것을 보면 내가 더 행복해진다. 남을 도와주는 과정에서 나의 가슴이 뜨거워지고, 삶에 대한 의욕과 희망이 생긴다.

하지만 봉사할 때에도 자기주시를 하면서 봉사해야 한다. 무조건적인 사랑만으로는 남에게 피해를 줄 수 있다. 그러므로 지혜를 가지고 봉사하여야 한다. 내가 그 사람을 도우려는 것이 동정심 때문인지, 남에게 인정받고 싶었기 때문인지, 아니면 자신이 그 처지에 있다면 그런 도움을 받고 싶어서인지를 주시하라. 자기주시가 잘 되어야 상황에 맞게 다른 사람을 도와줄 수 있다.

남을 도울 때도 돕는 것에 집착하지 말라. 정성을 다해 남을 돕되 자신이 도와줬다는 것이나 결과에 대해 연연해하지 말라. 자기 욕심을 채우거나 남에게 인정받기 위해서 봉사한다면 마음이 편안하지 않을 것이다. 마음챙김하면서 봉사하면 편안한 마음으로 봉사할 수 있다.

꽃동네에 가면 장애가 있는 사람이 다른 장애인을 돕는 모습을 자주 볼 수 있다. 눈이 먼 사람이 거동이 불편한 사람의 식사를 도와주고 목욕을 시키면서 서로 돕고 생활한다. 봉사는 거창한 것도 아니고 내가 여유가 있어야 가능한 것도 아니다. 목마른 사람에게 물 한 잔 대접하는 것, 친절한 말 한마디, 따스한 미소가 내가 할 수 있는 전부일 수 있다. 지금 이 상황에서 내가 줄 수 있는 것, 내가 할 수 있는 일을 하면서 나의 마음을 전해 보라. 남에게 친절을 베푸는 과정에서 베푸는 사람, 받는 사람, 보는 사람이 모두 행복하다.

오스트리아의 정신의학자 아들러는 "건강한 사람은 사회공동체에 관심을 가지는 사람이다."라고 하였다. 순수한 마음으로 사회공동체를 위해서 일하면 자존감이 올라가고 몸도 마음도 건강해진다. 조건 없이 이웃을 위해 자기 재능을 기부하거나 자선하는 과정에서 행복을 느낄 수 있다. 봉사는 다른 사람을 돕는 것이지만 결국 자신을 위한 것이다. 봉사를 통해 보람과 삶의 의미를 느껴 보라. 봉사는 자기 집착을 버리는 것이기에 영성 수련이라고 할 수 있다. 봉사를 함으로써 자신을 비우고, 성찰하며, 영성살이를 잘할 수 있다.

봉사에서 얻는 또 하나의 선물은 남을 도운 후에 인정받으려는 자신의 마음을 보는 것이다. 인정받고 싶은 마음, 알아주기를 바라는 마음을 알아차리면서 한 단계 성장할 수 있다.

『금강경』에서는 "사람이 세상을 위해 좋은 일을 하고도 내가 했다는 생각이 있다면 복이 적다."라고 하였다. 그저 무위의 마음으로 자연스럽게 그냥 남을 돕자.

알아차림

지금 내 주변에 나의 도움을 필요로 하는 사람이 있는가? 누군가에게 봉사를 할 때 나의 마음을 살펴보라.

감사하기

행복한 사람은 감사를 많이 하는 사람이며, 소소한 것에도 감사할 수 있는 사람이다. 지금 이 순간 행복하고 싶다면 가장 손쉽게 할 수 있는 일이 '감사'하는 것이다. 잠시 눈을 감고 호흡명상을 해 보라. 마음이 편안해지면 지금 내가 감사할 것을 찾아보라. 감사함을 느끼면 기분이 달라질 것이다. 어떤 상황에서도 감사할 일을 많이 찾을 수 있다면 행복하다.

코로나19로 우리는 실내뿐만 아니라 실외에서도 사람이 모이는 곳이라면 마스크를 써야 하는 불편함이 있다. 그러나 코로나19가 오기 전에는 마스크 없는 삶이 감사한 것인 줄 모르고 당연하게 여기며 살아왔다.

우리는 감사할 것이 없어서 감사하지 못하는 것이 아니라 감사할 것을 찾지 못하였기 때문에 감사하지 못한다. 숨 쉬는 것, 밥먹는 것, 걸어가는 것 등과 같은 이 모두가 감사할 일이다.

감사도 습관이다. 같은 상황에서도 마음먹기에 따라 감사할 수도 있고 당연하다고 느낄 수도 있다. 지금 자기 몸이 건강한 것에 감사할 수도 있고 건강한 것을 당연하다고 생각할 수도 있다.

감사를 찾고, 느끼고, 전하는 과정에서 행복을 느낄 수 있다. 지금 내가 감사해야 할 것이 무엇인지 찾아보고, 감사를 느껴 보고, 고마움을 전해 보라. 부모님에게, 조부모님에게, 스승에게, 배우자에게, 자녀에게, 친구에게, 직장 동료에게, 이웃에게 감사할 것을 찾아서 고마운 마음을 전해 보라. 감사를 표현할 때는 상대의 어떤 행동으로 내가 고마웠는지를 구체적으로 표현하는 것이 좋다.

감사편지나 감사일기를 쓰는 것도 나를 행복하게 한다. 고마운 분에게 손편지나 전화로 혹은 스마트폰의 문자로나마 감사의 마음을 전해 보라. 감사를 전할 때는 구체적으로 어떤 일에서 고마웠는지를 말하라.

하루를 마치면서 오늘 있었던 일 중에서 감사한 일을 찾아보고 감사의 일기를 적어 보라. 오늘 하루 무사히 집에 도착해서 일기를 쓸 수 있음에 감사하라.

누구나 찾아보면 막상 감사할 일이 많은데, 찾지 못하고 표현하지 못하기 때문에 지금 이 시간을 행복한 기분으로 칠하지 못한다. 나는 수업 시간에 학생들에게 2주간 감사일기를 쓰고 느낀 점을 적어 오라는 과제를 낸 적이 있다. 처음에는 감사할 일이 없다는 학생도 시간이 지나면 감사할 일이 너무 많고 행복했었다며 숙제를 내 준 나에게 고마움을 전하기도 하였다. 감사하면 행복하기에 자주 감사하는 사람은 행복하다.

오늘 하루 힘든 일도 있고 감사할 일도 있다. 힘든 일이 있다면 '힘들다'고 알아차리며 이를 받아들이라. 그리고 감사할 일을 찾아보고 감사하라. 고통 가운데에서도 감사할 일을 찾을 수 있다. '이만해도 다행이다.'라고 생각하면서 감사하라.

도박중독에서 회복한 많은 사람이 "평범한 것이 행복이라는 것을 이제야 알았다."라고 말한다. 도박 중독자 자조모임인 GA의 회원들에게 물어보면 도박 중독자는 평균 2억 원의 손실을 본다고 한다. 2억 원이라는 수업료를 내고 평범한 것이 행복임을 배운 것이다. 그러므로 지금 이대로의 자신에게 감사하고 만족하면서 살아가는 것이야말로 행복의 기술이다.

행복한 사람은 감사하는 습관을 가진 사람이다.

감사하면 행복하다는 것을 알면서, 나는 왜 자주 감사하지 못할까?

용서하기

용서는 사람으로서 정말 하기 힘든 것이다. 그래서 용서는 영적인 것이다. 용서는 나의 몸 안에 있는 분노라는 독을 몸 밖으로 내버리는 것이다. 나의 건강과 행복을 위해서 빨리 용서하라. 힘들겠지만 용서하면 마음이 편안해지고 몸과 마음이 따스해진다. 용서하였는데 또 분노가 떠오르면 그대로 알아차리라.

용서는 자신에 대한 용서와 타인에 대한 용서가 있다. 자신에 대한 용서는 내가 나에게 잘못한 것을 알아보고 용서하는 것이다. 내가 나의 귀중한 시간을 함부로 사용한 것, 나를 존중하지 않았던 것, 나를 소중하게 돌보지 않았던 것, 나의 실수로 다른 사람에게 상처를 준 것 등을 알아보고 그 당시 나의 몸에서는 어떤 느낌이 일어났는지 알아보라. 그리고 용서하라.

지난 일은 바꿀 수 없다. 내가 할 수 있는 일은 지난날의 잘못과 실수에서 배우면서 지금 내가 해야 할 일에 집중하는 것이다. 과거의 나의 잘못에 대해 계속 후회하고 아쉬워하는 것은 나의 집착일 뿐이다. 지금-여기에서 내가 해야 할 중요한 일을 하라. 사람은 누구나 지금 자신의 몸이 있는 이곳에서만이 무엇인가를 할 수 있다. 나의 귀중한 시간을 바꿀 수 없는 과거를 생각하면서 보내기보다는 지금 내가 할 수 있는 일을 찾아 기쁨을 느끼라.

예를 들어 보자. 어떤 축구 선수가 전반 20분경에 자신의 실수로 골을 넣을 기회를 놓치게 되었다. 그 선수는 나머지 70분 이상의 경기 시간 내내 전반 20분경의 실수를 후회하면서 시간을 보냈다. 경기 도중에 몇 번인가 골을 넣을 기회가 있었는데도 경기에 집중할 수 없었다. 마찬가지로 20대에 실수한 것, 30대에 실수한 것을 후회하면서 남은 귀중한 시간을 허비해서는 안 된다. 진정으로 잘못을 뉘우친다면 그때의 실수를 통하여 교훈을 얻고서 지금 내가 해야 할 일에 집중하면 된다. 행복한 사람은 지금-여기에서 자신이 해야 할 일에 집중한다. 하지만 자신을 용서하지 않는 사람은 자기 마음을 과거의 고통에 머무르게 하여 자신을 불행에 빠뜨린다. 과거는 이미 지나갔다. 되돌릴 수 없다. 후회하기보다는 그 당시의 나로서는 그럴 수밖에 없었다고 인정하면서, 지금 내가 할 수 있는 일을 하는 것이 나를 사랑하는 길이다.

다른 사람이 나에게 상처 준 것을 알아보고 용서하라. 내가 용서하든 안 하든 그 사람은 나의 마음을 알 수 없다. 다시 강조하지만, 용서는 나를 위해 하는 것이다. 용서는 내 가슴 속에 있는 분노라는 독을 밖으로 내보내는 것이기에, 용서하면 나의 몸은 더 건강해진다. 나의 건강을 위해서라도 용서해야 한다.

또한 용서는 내가 상처받은 일을 없었던 것으로 하거나 망각하는 것이 아니다. 완전한 용서는 나에게 상처를 준 그 사람이 행복하기를 기원하는 것이다. 내가 바라는 그 사람으로 변화되기를 바라는 것이 아니라 순수하게 그 사람이 자신을 올바로 이해하여 행복하기를 바라는 마음이다. "그 사람이 건강하기를" "그 사람이 고통이 없기를" "그 사람이 행복하기를" 하면서 자비수행을 해 본다. 용서해도 그 사람에 대한 분노가 또 일어날 수 있다. 그때마다 자비수행을 해 보라. 자비수행을 통해 나의 마음이 따스해지고 평화로움을 느껴 보라.

살다 보면 누구나 본의 아니게 다른 사람에게 상처를 줄 수 있다. 이때 그 사람에게 가능하면 빨리 용서를 청하라. 하지만 상대가 나의 용서를 받을 만한 준비가 되었는지, 용서를 받을 만한 상황인지를 알아보고 나서 용서를 구하라. 나의 죄책감만을 줄이고자 용서를 청하는 것은 상대에게 또 한 번의 상처를 줄 수 있다.

알아차림

지난날 내가 어떤 사람을 용서한 후에 느꼈던 기분을 다시 한번 느껴 보라.

무위자연으로 성공하기

마음챙김 명상을 계속하면 자신의 집착이나 욕심, 어리석음이 줄어들면서 지금 자신이 해야 할 일, 할 수 있는 일을 하게 되어 일의 성과가 높아진다. 노자는 "무위이무불위(無爲而無不爲)"라고 하여 "욕심이나 집착이 없는 무위의 상태에서 해야 할 일을 하면 이루지 못할 일이 없다."고 하였다.

성공하기 위해서는 자신을 잘 알고, 자신의 일과 관련된 분야를 연구하여 이해하고, 시대와 시장에서 필요로 하는 일, 자신이 할 수 있는 일을 해야 한다. 막연하게 잘되길 기대하거나 다른 사람의 말만 믿고 일을 시작하면 실패하게 된다. 일을 시작하기 전에 미리 일어날 수 있는 모든 상황에 철저하게 대비해야 한다. 자신이 아직 잘 모르는 일에 대해 잘 모른다는 것을 인정하면서 자신감을 가질 때까지 준비하고 기다려야 한다. "돌다리도 두들겨 보고 건너라."라는 속담처럼 상황을 예의주시하면서 기다리라.

노자가 말하였듯이 큰 문제는 가벼운 것에서 시작하므로 사소한 문제에도 주의를 기울이고 신중하게 대처해야 한다. 하지만 준비가 잘 되었고, 적절한 상황이 되면 노도와 같이 일을 추진하라. 『손자병법』에서 손자는 "잘 싸우는 자는 이겨 놓고 싸우고, 전쟁에 지는 장수는 싸운 후에 이기려 한다(勝兵 先勝以後求戰, 敗兵 先戰以後求勝)."라고 하였다. 사업을 시작할 때도 이겨 놓고 시작해야 한다. 이길 수 있는 전략을 세우고, 상황과 때를 보아 시작해야 한다. 과거에 다른 업종에서 성공한 경험을 가진 사람이라면 새로운 일을 시작할 때 더 조심해야 한다. 과거에 어떤 일에서 성공한 경험은 지금의 상황을 신중하게 파악하지 못하게 하는 장애가 될 수 있다. 이미 시대와 상황은 과거와 달라져 있는데, 이전에 성공하였던 방식을 그대로 고수하려고 하기 때문이다. 총체적 상황을 주시하면서 지금 이 상황에 맞게 유연하게 대처해야 한다.

사기꾼은 다른 사람의 욕심과 불안, 어리석음을 교묘하게 이용한다. '이 사람을 믿으면 내가 부자가 될 수 있다.'라는 착각이 들도록 분위기를 만든다. 개인이 자신의 욕심을 철저하게 주시하지 않으면 언제든지 사기꾼에게 놀아날 수 있다. 강한 자신감을 가진 사람은 다른 사람의 말을 참고하되 최종적인 판단은 자신이 결정하고 책임진다.

사람인 이상 완벽하지 않기에 누구나 살면서 실수나 잘못을 할 수 있다. 실패하면 실패한 것을 그대로 인정하고 받아들이면서 실패를 통해서 배울 수 있다. 실패하였으면 힘든 마음을 그대로 받아들이고 '비싼 수업료를 내고 공부했다.'라고 생각하면서 다시 시작하라. 실패의 과정을 스승으로 삼고 자신의 결점을 보완하면서 포기하지 않고 꾸준히 노력하면 언젠가는 성공할 수 있다.

자신이 돈을 사랑하는지, 돈에 집착하는지, 돈을 무시하는지, 돈에 관련된 자신의 마음을 있는 그대로 알아차리라. '사람도 자기를 사랑하는 사람에게 가까이 가고 싶듯이 돈도 자기를 귀중하게 여기는 사람을 찾아간다.'라는 말이 있다. 돈에 대한 자신의 마음을 잘 알아차려야 돈에 끌려다니는 노예가 되지 않는다.

지혜로운 사람은 돈을 사랑하되 돈에 집착하거나 돈의 노예가 되지 않는다. 금융에 대한 지식을 가지고 돈을 잘 관리하되 돈보다도 더 귀중한 것을 자신이 가지고 있음을 알아야 한다. 돈도 귀중하지만 더 귀중한 가치가 있는 것을 찾아본다. 편안하게 숨 쉴 수 있다는 것, 걸어 다닐 수 있다는 것, 사랑하는 가족이 있다는 것, 내가 몰입할 수 있는 일이 있다는 것 등이다. 돈보다 더 귀중한 것을 가진 사람에게는 돈이 저절로 모여든다.

돈이 많아도 만족하지 못하고 돈에 집착하며 사는 사람보다는 가진 돈이 적어도 만족하면서 자신의 돈을 의미 있게 사용하는 사람이 행복한 사람이다. 노자는 "만족할 줄 아는 사람이 진정한 부자다(知足者富)."라고 하였다. 행복한 사람은 자신의 처지에 만족하면서 자신이 해야 할 중요한 일에 집중한다. 항상 감사할 줄 알고 자신이 해야 할 가치 있는 중요한 일에 집중하면서 일을 즐기는 사람에게는 돈도 따라온다.

알아차림

지금 나에게는 돈보다 더 귀중한 것이 무엇인가?

영성의 행복 느끼기

영성

모든 사람은 영성(靈性)을 가지고 살고 있으며 내가 가진 영성과 타인이 가진 영성은 다르지 않다. 영성(spirituality)은 영(靈)을 의미하는 라틴어의 spiritus에서 유래한 것으로, 영은 우리의 숨, 호흡, 생명과 같이 하느님이 우리에게 거저 주시는 선물이다. 내가 하느님으로부터 선물받은 생명성, '영'을 가진 귀중한 존재'이기에 항상 감사하면서 지금 이 자리에서 내가 해야 할 일을 하게 된다.

우리가 숨을 쉬고 있듯이 영성은 내가 어떤 조건에 있든지 상관없이 존재하고 있다. 나이가 어리든지, 나이가 많든지, 가난하든지, 부자이든지, 성공했든지, 실패했든지 간에 영성은 이미 우리 안에 존재하고 있다.

인간이 자기를 올바로 이해하면 하느님을 알게 된다. 인간의 생명, 영성은 하느님에게서 온 것이기 때문이다. 맹자는 "자기의 본성을 아는 사람은 하늘을 안다(知其性 則知天矣)."라고 하였다. 우리는 하느님이 만드신 자신과 자연의 영성을 이해함으로써 하느님을 알 수 있다.

하지만 자기의 영성을 의식하여 영성이 잘 작용하도록 하는 것은 각자에게 달려 있다. 각자는 자기 영성을 자주 의식하여 잘 활용해야 한다. 귀중한 물건을 가지고 있더라도 그것을 인식하지 못하면 사용할 수 없는 것과 마찬가지로, 개인이 자기 영성을 자주 의식하면서 살아갈 때 자기뿐만 아니라 사회공동체를 위해서도 많은 일을 할 수 있다.

영성은 내가 살아갈 길을 밝혀 주는 불빛이다. 석명 한주훈 선생은 영성이 내면을 변화시키는 힘이라고 하였다. 영성의 빛이 있어야 지금 자신이 어떤 길을 걸어가야 할지 잘 볼 수 있다. 많은 알코올 중독자가 회복하는 데 도움을 준 중독전문가 문봉규 교수는 "영성은 사람답게 살 수 있는 방향을 제시하고 사람답게 살 용기를 준다."라고 말하였다.

영적으로 살아가는 삶을 영성살이라 할 수 있다. 황종열 교수는 "영성살이는 영성의 주체인 인간이 인간의 한계를 가진 채로 자신과 이웃, 자연에 생명과 사랑이 작용하도록 살아가고자 지향하는 것이다. 하지만 그런 지향을 가지고 있더라도 결과적으로 나와 다른 사람에게 부정적인 영향을 미칠 수 있기에 우리는 죽을 때까지 공부해야 한다."라고 하였다. 깨어 있는 마음, 사랑의 마음으로 각자가 자기 역할을 다하는 것이 영성살이를 잘하는것이다.

지금 내 몸이 있는 이곳에서 나의 영성, 생명성을 잘 발휘하면서 나답게 살아가는 것이 곧 행복이다. 깨어 있는 마음, 사랑의 마음으로 각자가 자기 역할을 다하는 것이 영적으로 살아가는 것이다.

나는 중독으로부터 회복 중인 많은 사람이 영성의 힘으로 회복을 유지하는 것을 보았다. 회복을 잘 유지하는 사람은 대부분 신앙이 있었고 정직하였으며, 평범하고 사소한 일에도 감사하였다. 또 자기 역할을 잘하면서 회복 중인 다른 중독자를 돕고 있었다.

영성의 밝은 빛은 내면의 어두운 무의식을 비추어 자신을 바로보게 한다. 영성이 작용하면 지금 이 자리에서 자신이 해야 할 일을 잘할 수 있다. 영적으로 살아가는 영성살이의 정도는 집착과 반비례하며, 이웃 사랑과 비례한다. 영성살이의 열매는 이웃 사랑의 실천으로 나타난다.

꽃동네 오웅진 신부는 "사람들이 버려지는 것은 빵이 부족해서가 아니고 사랑의 결핍 때문이다. 치유의 길은 누군가 그 결핍을 사랑으로 채워 준다."라 말했다. 사랑의 결핍으로 심리적 문제가 일어나지만, 누군가에게 무조건적인 사랑을 받는다면 자신이 귀중한 존재임을 자각하여 자신을 사랑하고 이웃을 사랑하는 사람으로 바뀔 수 있다.

내가 할 수 있는 한 조금이나마 남을 도울 수 있다면 행복하다. 하지만 내가 도와주었다는 생각, 내가 좋은 일을 했다는 생각은 오히려 마음의 평화를 줄인다. "왼손이 하는 일을 오른손이 모르게 하라." 내가 남을 도와주었다는 생각이 드는 것은 나라는 아상(我相)이 남아 있기 때문이다. 그런 마음도 그대로 알아차려야 내 공부가 된다. 내가 마땅히 해야 할 일을 한 것이고, 하느님이 나를 도구로 삼아 그 일을 하였다는 것에 만족하고 감사하라.

나의 몸과 마음이라는 자동차가 잘 운행되기 위해서는 영적인 배터리를 자주 충전해야 한다. 명상, 자비수행 기도, 봉사활동, 영적 독서, 신앙생활 등을 통해서 영적 삶을 풍부하게 할 수 있다. 하느님이 나에게 선물하신 영을 자주 의식하면 나를 존중하고 신뢰하여 아름답게 꽃피울 수 있다.

가톨릭교회에서는 일상에서 화살기도를 자주 하도록 권한다. 화살기도와 화살명상을 자주 하면 수용할 수 있는 내면의 그릇이 넓어지면서 현실의 고통도 보다 잘 받아들일 수 있다.

명상, 기도, 봉사활동, 영적 독서, 신앙생활 등의 수행을 통해
영적 삶이 풍부해진다.

고통의 의미 찾기

살아 있는 모든 사람은 나름대로 고통을 느끼며 살아간다. '고통'이라는 손님은 부르지 않아도 자주 찾아온다. 고통이 나를 찾아올 때, 고통을 손님으로 분명히 알아차리면 고통은 힘을 잃고 서서히 사라진다. 고통이 올 때 술이나 도박, 성의 쾌락으로 도망가는 것은 고통에게 지는 것이다. 고통이 찾아올 때 부정하거나 회피하지 않고 고통을 그대로 주시하면 나의 맷집은 더욱 강해지고 성장할 수 있다.

겸손한 사람은 살아가면서 겪는 고난과 고통을 변화의 한 과정으로 보며, 고통의 경험을 통하여 배우고 성장한다. 삶은 소풍이며 여행이고, 수행과정이다. 고통은 나를 가르치는 스승이다.

다른 사람과 나를 비교하면 마음이 불편해진다. 행복한 사람은 다른 사람과 자기를 비교하기보다는 어제의 나와 오늘의 나를 비교한다. 내가 어제보다는 조금 더 건강해졌다는 것, 조금 더 현명해졌다는 것을 알고 감사하라.

알아차림
지금 이 순간의 고통을 받아들이는 사람과 고통을 술로 도피하려는 사람 중 누가 더 불행한 사람인가?

인생이라는 여행길에서 때때로 '좌절감'이 찾아온다. 이때 우선 내가 해야 할 일은 마음챙김을 하는 것이다. "좌절감이라는 손님이 왔구나!" 하고 분명히 알아차린 다음에 척추를 똑바로 세우고 심호흡을 하고 생각을 긍정적으로 바꾸면서 지금 내가 해야 할 일을 한다. 지금 내가 해결할 수 있는 문제이면 이를 해결하고, 내가 해결할 수 없는 문제라면 편안한 마음으로 이를 받아들이면서 때를 기다린다.

산에 오를 때를 생각해 보자. 오르막길과 내리막길을 반복하다가 보면 마침내 정상에 오르게 된다. 오르막을 오를 때는 오르막길의 풍경을 즐기고, 내리막길에서는 내리막길의 풍경을 즐기라. 오르막은 오르막대로, 내리막은 내리막대로 의미와 즐거움이 있다.

낮과 밤이 이어져 있듯이 고통과 기쁨은 같이 이어져 있다. 노자는 "화는 복에 기대어 있고, 복은 화에 기대어 있다(禍兮福之所倚, 福兮禍之所伏)."라고 하였다. 복과 화는 서로 연결되어 있다. 지금 힘든 시기라도 나름대로 해야 할 일이 있고 즐길 수 있는 일도 있다. 겨울에는 추워서, 여름에는 더워서 아무것도 할 수 없다고 생각하기보다는 겨울에는 겨울대로 즐기고, 여름에는 여름대로 즐길 수도 있다. 계절이 바뀌기를 기다리기보다 지금 이 날씨 속에서 내가 할 수 있는 일, 즐길 수 있는 일을 하면서 살아가면 된다.

지금 나의 상황이 좋지 않더라도 이 상황에서 내가 할 수 있는 일, 즐길 수 있는 일을 찾아서 행복하게 살아간다. 고통이라는 손님이 왔을 때 이를 받아들이면서 고통의 의미를 생각해 보라. 지금 이 고통이 나에게 무엇을 가르쳐 주려는 것인지를 생각해 보

라. 혜암 스님은 "공부하다 죽어라."라고 하였다. 살아 있는 한 공부는 계속해야 한다. 우리가 진리를 깨달았다 하더라도 마음챙김 하면서 공부를 계속해야 한다. 생각을 바꾸어 고통이 더 열심히 공부를 하도록 나를 채찍질하는 고마운 손님이라고 생각해 보자.

알아차림

나에게 고통의 의미는 무엇인가?

죽음의 의미 찾기

사람은 앞서거니 뒤서거니 하면서 모두 죽는다. 삶과 죽음은 항상 붙어 있다. 가을이 되면 나뭇잎이 가지에서 땅으로 떨어지지만 봄이 되면 나뭇잎이 떨어졌던 그 자리에서 새로운 잎이 돋는다. 지금 내가 살아 있다는 것은 언젠가는 죽는다는 것이며, 죽는다는 것은 끝이 아니라 새로운 차원에서의 시작이다.

『잡비유경(雜譬喩經)』에 나오는 이야기다. 부처님 생존 당시에 하나뿐인 아들을 잃은 충격으로 실성한 채 돌아다니던 한 여인이 부처님을 뵙게 되었다. 부처님께서는 그녀에게 사람이 한 번도 죽지 않았던 집을 찾아가서 겨자씨를 구해 오면 아들을 살릴 방도를 알려주겠다고 하였다. 여인은 겨자씨를 구하러 온 마을을 돌아다녔으나 사람이 죽지 않았던 집을 찾을 수가 없었다. 그녀는 살아 있는 모든 생물은 언젠가는 죽을 수밖에 없다는 깨달음을 얻고 부처님에게 귀의하였다는 이야기가 전해져 온다. 죽음은 누구에게나 찾아오는 것이고 살아 있는 사람은 이것을 받아들여야 한다. 언제 죽을 것인가는 내가 정할 수 없다. 살아 있는 지금 이 순간 감사하면서 깨어서 살아갈 뿐이다.

사람이 백 년을 살든, 천 년을 살든 돌이켜 보면 한순간이다. 부처님께서는 『금강경(金剛經)』의 마지막 제4구게에서 "모든 것이 마치 꿈과 같고, 환영 같고, 물거품 같고, 그림자 같고, 이슬 같고, 번개 같으니 반드시 이와 같이 관찰하도록 하라(一切有爲法 如夢幻泡影 如露亦如電 應作如是觀)."라고 하였다. 인생이 짧은 만큼 지금 이 순간, 이 자리에서 정신 차리면서 살아야 한다는 것이다. 그리스도의 "신랑이 언제 올지 모르니 항상 깨어 있으라."라는 말씀과 같다.

부르지 않아도 언젠가는 나를 찾아올 죽음을 생각하며 지금 나에게 중요한 일이 무엇인지 알아보고 중요한 일을 뒤로 미루지 말라. 나는 아는 분의 장례식에 가면 생전에 자주 찾아뵙지 못하고 감사의 말을 미루어 왔던 것을 아쉬워 할 때가 있다. 생전에 그분을 위해 위로의 말, 사랑의 말 한마디라도 더 전할 걸 하며 후회한다. 남에 대한 친절과 사랑은 미루어서는 안 된다.

돌아가신 분을 위해 내가 할 수 있는 가장 귀중한 일은 꾸준하게 마음챙김하면서 행복하게 살아가는 것이다. 노자는 "죽어서도 잊히지 않는 사람은 진정으로 오래 사는 사람이다(死而不亡者壽)."라고 하였다. 비록 그 사람이 육체적으로는 나의 눈에서 사라졌지만 나의 마음속에서는 살아 있고, 내 가슴에서 느끼고 있다. 그 사람이 말하지 않더라도 나는 그 사람이 나를 사랑하고

삶의 가장 큰 축복은 그래도 무엇인가를 할 수 있는
가능성이 아직 남아 있다는 것이다.

있음을 믿는다.

살아 있는 동안에 자신의 죽음을 미리 준비하라. 살아 있을 때 죽음의 순간에 일어나는 신체의 변화를 상상하고 이를 느껴 보라. 임종을 앞두고 가족, 친구들과 이별의 슬픔을 어떻게 받아들일 것인가를 생각해 보라. 죽음의 순간에 무엇을 느끼고 배우며, 무슨 말을 할 것인가도 생각해 보라.

꽃동네 신상현 수사는 "사람은 마지막 임종의 고통을 통해서도 성장할 수 있다."라고 하였다. 임종의 고통을 통하여 영적 깨달음을 얻을 수 있다는 것이다. 마지막 순간에 자신의 고통을 그대로 관찰하면서 자신과 다른 사람을 용서하고 다른 사람에게서 사랑을 받았다는 마음을 가지면 행복한 임종이 된다. 인도의 테레사 수녀는 죽음을 앞둔 사람들에게 마지막 순간에 자신이 사랑받았다는 생각이나 기억을 가지면서 숨을 거두도록 도와주었다.

티베트 불교에서는 마지막 순간에 선(善)하고 좋은 생각을 하는 것이 다음 생(生)에 좋은 곳에 태어나는 데 영향을 미친다고 믿고 선하고 좋은 생각을 하면서 임종하도록 도와주고 있다.

임종이 편안하고 의미 있기 위해서는 죽음의 순간에 자신의 불안과 슬픔, 고통을 주시하면서 남은 사람들에게 감사하며 죽을 수 있어야 한다. 그러기 위해서는 꾸준하게 마음챙김하고 자주 감사하면서 살아야 한다.

젊고 건강할 때부터 죽음의 의미를 생각하면서 잘 살아야 한다. 자신의 삶의 의미와 목표를 정하고 시간을 아끼면서 열심히 살고 사랑하라. 원래 자연으로서 내 몸은 자연에서 왔다가 자연으로 갈 뿐이다. 하지만 우리가 깨달은 지혜와 다른 사람에게 베푼 사랑은 가족, 친구, 사회에 남겨진다.

술에 취해서 10년을 사는 것이 좋을까? 깨어서 맑은 마음으로 1년을 사는 것이 좋을까? 나는 중독에서 회복 중인 분들에게 자주 이런 질문을 한다. 마음챙김하면서 사는 것은 깨어서 맑은 마음으로 사는 삶이다.

알아차림

내가 세상을 떠난 후에 사람들은 나를 어떤 사람으로 기억하기를 원하는가?

만남과 이별의 의미 찾기

죽음으로 또는 이별로, 시간의 차이가 있을 뿐 어차피 우리 모두는 혼자다. 이별할 때의 슬픔, 아쉬움, 미안함, 후회와 같은 손님이 찾아 오면 이를 알아차리고 받아들이라. 그리고 좋은 추억을 가슴에 고이 간직하라.

지금 내가 만나는 사람과도 언젠가는 헤어짐을 알기에 지금 이 만남을 소중히 생각하면서 할 수 있는 한 상대가 편안하도록 배려하라. 집착하지 않으면서 지금 이 사람이 행복하기를 바라라.

알아차림

나를 사랑하신 그분은 지금 내가 어떻게 살아가길 바라실까?

제2부

일상에서
마음챙김의
실천

03

화살명상하기

- 일상에서 알아차림
- 사람과 잘 어울리기
- 마음챙김 대화하기

일상에서 알아차림

일상에서 짧은 시간이라도 화살 마음챙김을 자주 하라. 호흡과 걷기 마음챙김, 오감에 대한 마음챙김, 행위 마음챙김 등을 수시로 한다.

호흡과 걷기 마음챙김하기

시간이 되는 대로 호흡 마음챙김을 하라. 의자에 앉아서 들숨과 날숨을 알아차리라. 또 길을 걸어갈 때 '왼발' '오른발' 하면서 발의 움직임을 알아차리면서 걸으라. 의식적으로 척추를 똑바로 세운 다음에 호흡 마음챙김과 걷기 마음챙김을 하는 것만으로도

일상생활을 하면서

시간이 되는 대로 마음챙김을 하라.

머리가 맑아지고 마음이 편안해진다.

오감의 마음챙김하기

눈의 시각, 귀의 청각, 코의 후각, 혀의 미각, 피부의 촉각에 깨어 있으면 쾌락이라는 손님에게 끌려다니지 않는다. 스마트폰 게임이나 도박, 성(性) 등에서 느끼는 쾌감에 집착하다가 중독에 빠지는 경우가 있다. 운전사가 쾌감이라는 손님을 분명하게 보고 있어야 자동차의 속도와 방향을 조절할 수 있는 힘이 생긴다.

지금 내가 보고 있으면 보고 있다는 것을 알아차리고, 들을 때 듣고 있다는 것을 알아차려라. 냄새 맡을 때 냄새 맡는다는 것을 알아차리고, 맛을 볼 때 맛을 보고 있다는 것을 알아차려라. 감각을 분명하게 알아차리면 마음이 편안하고 맑아지면서 자신을 잘 조절할 수 있다.

행위 마음챙김하기

의식적으로 자신이 하는 행동을 알아차리면서 행동하면 마음이 맑아진다. 무엇을 하든지 알아차리면서 행동하라.

 음식을 먹을 때 알아차리면서 천천히 먹는다. 음식의 냄새, 반찬의 모양과 색깔, 음식의 맛, 촉감, 음식 먹는 소리 등을 알아차리면서 먹는다.

차를 마실 때 찻잔의 색깔, 모양을 보는 것을 알아차린다. 차의 향기를 맡는 것, 맛을 느끼는 것을 알아차리면서 천천히 마신다. 차가 뜨거운지, 차가운지 느껴 본다. 차를 마실 때 나는 소리에 귀를 기울여 보라.

침대에 자리 갈 때 침대로 가는 것을 알아차린다. 편안하게 호흡에 집중한다.

일어날 때 아침에 깨어나면 숨을 쉬고 있음을 알아차린다. 자리에 누운 채로 머리끝에서 발끝까지 자기 몸의 감각을 느껴 본다. 일어나서 오늘 새로운 하루를 선물해 주신 하느님에게 감사의 기도를 드리는 것을 알아차린다.

자기 생각과 감정 알아차리기

어느 곳에서도 알아차림이 중요하다. 생각이라는 손님이 찾아오면 '손님이 왔네!' 하고 분명히 알아차리라. 감정이라는 손님이 찾아오면 '손님이 왔네!' 하고 알아차리라. 또 지금 내 몸이 편안하고 이완되어 있는지, 굳어 있고 긴장되어 있는지를 알아차리라.

몸의 자세나 호흡 상태를 보면 지금 나의 마음이 편안한지, 긴장되어 있는지를 알 수 있다.

알아차림

최근 자신이 무엇을 할 때 알아차리면서 행동해 본 경험이 있는지 살펴보라.

지금 내가 무엇을 생각하면 무엇을 생각하고 있다는 것을 알고,

어떤 감정을 느끼면 그런 감정을 느끼는 것을 알아차리라.

사람과 잘 어울리기

꾸준하게 마음챙김하면 자기 마음도 알아차리면서 상대를 잘 이해하게 되고, 다른 사람을 편안하게 대할 수 있다. 같은 상황을 두고서 사람마다 해석을 다르게 하는 것은 각자가 가진 관점이나 생각, 가치관이 다르기 때문이다. 부부나 친구 간에 한 가지 일을 두고 의견이 다르면 '상대와 내가 의견이 달라서 지금 내가 불편하구나!' 하고 알아차리고 받아들이면 된다. 알아차리면 좀 더 편안한 마음으로 상대를 대할 수 있다.

지금 나의 몸 상태가 좋지 않거나 마음이 불안할 때는 다른 사람을 있는 그대로 이해하고 받아들이기 어려울 수 있다. 그럴 때는 상대에게 양해를 구해서 다음에 만나자거나 자리를 옮겨서 대화하는 것이 좋다. 나의 몸과 마음이 편안해야 다른 사람에게 끌려다니지 않고, 다른 사람을 나의 욕구 충족의 대상으로 삼지 않을 수 있다.

가족과 잘 지내기

누구에게나 가족은 가장 귀중하고 소중한 존재다. 가족을 사랑한다면 마음챙김하면서 가족을 대해야 한다. 꾸준하게 마음챙김하면 자신의 집착과 욕심이 줄어들고, 마음이 평온해지면서 가족을 편안하게 대할 수 있다.

부모가 마음챙김하여 무위의 태도를 가지면 자녀는 자기답게 행복한 삶을 살 수 있다. 부모는 자녀를 인정하고 믿어야 한다. 부모는 자녀가 자기 나이에 맞게 정서적으로 독립할 수 있도록 배려해 주어야 한다. 자녀가 스무 살이면 스무 살의 나이에 맞게 자녀를 존중하고 대하면서 자신의 행동에 대해서는 자신이 책임지도록 해야 한다. 부모가 자신의 감정을 올바로 주시하지 못하면 스무 살 청년의 아들을 열 살의 아이로 대하여 자녀의 의존심을 조장하고, 자존감을 손상시키면서 문제행동을 일으키게 만든다. 그러면서 부모는 자녀에 대한 자기 헌신과 노력이 보답받지 못하였다며 억울해한다.

부모가 자녀를 대할 때는 자신에게 일어나는 욕구나 감정을 분명하게 알아차려야 한다. 부모가 자녀를 지나치게 보호하고 간섭하고 있다면 부모가 먼저 자신의 불안을 알아차려야 한다. 부

부모가 지속적인 마음챙김으로
무위의 태도를 가지면 자녀는 자발성, 생명성을 발휘하여
행복한 삶을 살 수 있다.

모가 자신의 마음을 분명하게 알아차리면 자녀에게 도움이 될 수 있는 말과 행동을 할 수 있다. 부모가 자기 마음을 주시하지 않으면 본인은 자녀를 사랑하기에 한 말이라도 자녀는 상처를 받을 수 있다.

전문상담자를 찾아가 자신의 감정을 솔직하게 표현하면 미처 알지 못하였던 자신의 모습을 볼 수 있다. 부모가 자신을 올바로 이해하고 편안해야 자녀도 편안해지면서 관계가 좋아질 것이다.

가족을 사랑하는 길은 각자가 자기 자신을 잘 주시하는 것이다.

사람들은 힘들어하는 사람을 보면 그 사람에게 좋은 충고를 하려고 한다. 하지만 지금 힘든 사람일수록 충고보다는 그저 누군가가 자신의 심정을 잘 이해해 주기를 바라고 있다. 가족 중에 힘들어하는 사람이 있다면 우선 그 사람의 말을 잘 경청하고 공감해야 한다. 만약 자녀가 힘들어한다면 부모는 자기 말을 하기에 앞서 자녀의 말을 잘 경청하고 이해하면서 공감해야 한다.

의사소통은 서로를 이해하기 위한 수단이다. 가족은 자주 대화를 나누어 서로의 감정을 이해해야 한다. 부모가 일방적으로 대화하는 것은 의사소통이 아니다. 자녀의 입장에서 부모와 의사소통이 잘 되고 있다고 느낄 수 있어야 한다.

부모는 자녀와 눈을 맞추고 경청하면서 자녀의 심정을 잘 공감하려고 해야 한다. 부모가 공감하는 것만으로도 자녀는 마음이 편안해지면서 자존감이 올라가고 부모에게 사랑받고 있다는 느낌을 갖는다.

자녀와 대화할 때 부모가 마음챙김을 하면 편안하게 대화할 수 있다. 마음챙김을 하지 않으면 자기 욕심이나 집착에 따라 말하면서도 본인은 자녀를 위해서 그렇게 말했다고 생각하게 된다. 부모는 자주 자신을 성찰해 가면서 어린 시절 자신의 경험이 지금 자녀와의 관계에 어떤 영향을 미치는지를 알아보아야 한다. 어릴 때 부모로부터 학대를 당한 경험이 있는 사람은 자신이 의식하지 못한 채로 자녀를 힘들게 대할 수 있다. 부모가 자신을 이해하는 만큼 자녀를 잘 이해하고 사랑할 수 있다.

부모가 자녀를 진실로 사랑한다면 평소 자신을 잘 성찰하면서, 지금 이 순간에 일어나는 자기 욕구나 감정을 알아차리는 연습을 하여야 한다. 부모가 자녀에게 줄 수 있는 가장 큰 선물이자 사랑은 자녀를 만날 때 마음챙김하는 것이다.

부모는 자녀를 위해 필요한 말이라고 생각하여 말하지만, 자녀의 입장에서는 잔소리로 들리고 화가 날 수도 있다. 그러므로 부모는 자녀와 말하기 전에 자신의 마음을 주시하여야 한다. 부모는 자녀의 행복을 위해 '열심히 공부하라'고 말하지만 정작 자신의 마음속에는 '아이가 성적이 나쁘면 남 보기에 창피하다.'와 같은 생각이 있을 수 있다.

자기의 감정이나 욕구를 분명하게 알아차리면서 자녀를 대하면 자녀의 행복에 도움이 되는 말을 할 수 있다. 마음챙김을 하지 않고 대화하면 하지 않아도 될 말이나, 하지 말아야 할 말도 하게 되어 자녀에게 피해를 줄 수도 있다. 그러므로 자녀가 행복

사람과 잘 어울리기 111

하기를 원한다면 마음챙김하면서 대화해야 한다.

부모는 자녀와 자주 대화하여 자녀가 진로를 잘 정할 수 있도록 도와주어야 한다. 평소 자녀와 대화하고 관찰한 것을 근거로 자녀의 적성과 재능을 알아보고 자녀가 자신에게 맞는 진로를 정하여 행복한 삶을 살 수 있도록 안내해야 한다. 필요한 경우에는 전문가를 찾아 상담할 수도 있다.

부모는 자녀가 어릴수록 자녀와 함께하는 시간을 많이 가지는 것이 좋다. 자녀의 기억 속에 행복한 추억을 많이 남겨 주어야 한다. 부모와 함께 보낸 행복한 추억은 자녀가 성인이 되어 삶이 힘들 때마다 꺼내어 볼 수 있는 귀중한 사진첩이 된다.

**자녀에게 좋은 사진첩을 만들어 주기 위해서는
함께 행복한 시간을 자주 갖는 것이 필요하다.**

가정이 평온하기 위해서는 가족 간의 심리적 거리가 적절하게 유지되는 것이 좋다. 도로에서 자동차를 안전하게 유지하기 위해서는 다른 차와 어느 정도의 거리 유지가 필요한 것과 마찬가지다. 가족은 상대에게 관심을 가지되 적절한 거리를 유지해야 한다.

가족은 많은 시간을 함께 보내기에 그만큼 갈등의 소지가 많을 수도 있다. 갈등이 있을 때는 상대와 대화하면서 상대의 입장을 잘 이해하여 상대가 불편함이 없도록 배려해 주어야 한다.

내가 원하는 대로 상대가 달라지기를 바라기보다는 상대를 그대로 인정하면서 내가 상대에 맞추어 주는 것이 편안하다. 마음챙김이 되면 '나'라는 마음(我相)이 줄어들기에 상대와 잘 어울릴 수 있다. 마치 물이 그릇 모양에 따라 모양을 맞추어 주듯이 그렇게 유연한 마음으로 상대에 맞추고 배려하게 되면 가정이 화목해진다.

상대가 어떤 행동이나 말을 하더라도 그것에 대해 어떻게 반응을 하는지는 오로지 자신에게 달려 있다. 자기 주시를 하면 지금 자신을 가장 사랑하는 반응을 선택할 수 있다. 나는 자동차를 운전할 때 갑자기 위험하게 차선을 바꾸는 차로 인해 교통사고가 날 뻔한 적이 있었다. 이때 순간적으로 공포와 분노가 일어나는 것을 알아차렸다. 잠시 척추를 똑바로 세운 다음에 심호흡을 하고 '저 사람이 바쁜 일이 있겠지!'라고 생각하며 그 사람을 위해 자비수행을 하였다. "저 사람이 안전하기를" "저 사람이 고통에서 벗어나기를" "저 사람이 행복하기를" 하면서 편안한 마음으로 운전을 하였다. 이미 자동차가 내 시야에서 사라졌는데 보이지도 않는 그 사람에게 화를 내는 것은 지금 나 자신에게 화를 내는 것과 다르지 않다.

이 순간에 분노를 택할 것인가 마음의 평화를 택할 것인가는 상대가 아니라 '나'에게 달려 있다.

대인관계에서 알아차리기

상대와의 만남에서 억울할 때가 있다. 그럴 때 '억울함이라는 손님이 왔구나!' 하고 알아차리라. 심호흡을 하고 마음이 조금 편안해지면 상대가 자기 문제로 화가 났는지, 내가 잘못해서 상대가 화가 났는지를 알아본다. 만약 상대의 문제로 상대가 화를 낸다면 내가 신경 쓸 일이 아니다.

심리학에서 '투사(projection)'라는 방어기제가 있다. 방어기제는 무의식적으로 일어나기에 방어기제를 사용하는 사람은 자신이 방어기제를 사용하는 것을 의식하지 못한다. 투사는 실제로는 나의 문제인데, 상대가 그런 문제를 가지고 있다고 생각하고 덮어씌우는 것이다. 내가 상대를 미워하는데, 그런 나를 내가 용납하면 자존심이 상하기에 오히려 상대가 나를 미워하고 나를 해치려 한다고 믿는다. 성에 대해 갈등이 있는 사람은 다른 사람이 이성을 지나치게 좋아한다고 비난한다.

만약 내가 사람들이 나에게 보여 주는 특정한 행동이나 말에 지나치게 예민하고 마음이 흔들린다면 그것이 내 문제와 관련되지 않는지를 생각해 본다.

개인이 자기 생각대로, 기대하는 대로 상대를 보게 되면 낭패를 당할 수 있다. 상대를 좀 더 객관화해서 보기 위해서는 지금 내가 상대를 어떤 입장에서 보려는지, 내가 상대에게 무엇을 기대하는지, 내가 어떤 의도를 갖고 있는지 등을 먼저 살펴보는 것이 좋다.

마음챙김이 되지 않으면 지금 이 순간 내 눈앞에 있는 상대를 있는 그대로 보지 못하고 나의 마음을 투사한 사람으로 보게 된다. 지금 나의 마음 상태가 어떤지, 내가 상대를 어떻게 보는지 알아차리면 상대를 좀 더 객관적으로 볼 수 있다.

상대가 나와 의견이 다를 때는 상대와 나의 차이를 그대로 인정해야 한다. 상대의 의견에 동의하지 않더라도 그 사람을 있는 그대로 받아들이면 좀 더 편안한 관계가 될 수 있다.

알아차림

> 나는 다른 사람이 나에게 어떤 말을 할 때 특히 거슬리는가?

오늘 하루 행복하게 살기

오늘 하루 어떤 생각을 하며 무엇을 했는지, 어떻게 보냈는지를 알면 스스로를 더 잘 이해할 수 있다. 알코올 중독에서 회복 중인 사람은 오늘 하루 동안 술을 마시지 않기를 약속한다. 그러나 회복을 준비하지 않는 중독자는 오늘까지만 술을 마시고 내일부터는 마시지 않겠다고 약속한다. 내일부터 내가 이런 사람이 되겠다고 말하면 사람들은 나를 잘 믿어 주지 않는다. 내일은 오늘에 기반을 두기 때문이다. 어제 하루 내가 어떻게 살아왔는지를 알면 오늘 내가 어떤 행동을 할 것인지를 알 수 있고, 오늘 내가 하는 행동을 보면 내일 나의 행동을 예측할 수 있다. 일기나 자서전을 쓰는 것도 자신을 좀 더 객관적으로 보도록 해 준다.

자신을 성찰하여 자신의 장점이나 강점을 알면 그것을 무기로

하여 자신이 바라는 것을 성취하고 사회에 기여할 수 있다. 자신에게 단점이 없고 완벽해야만 사회에 기여할 수 있는 것은 아니다. 단점과 결점이 있더라도 자신이 가진 장점으로 이웃이 보다 행복하도록 도울 수 있다.

　인간은 완벽할 수 없다. 누구나 실수하기 마련이고 알게 모르게 죄를 짓는다. 또 약점이나 결점을 가지고 있다. 운전사가 자기 자동차가 어떤 부분에서 결함이 있고 고장이 날 우려가 있는지 빨리 알아차리고 수리해야 자동차를 안전하게 운전할 수 있듯이 각자가 자신의 약점이나 결점으로 불행하지 않도록 꾸준하게 마음챙김하면서 고칠 수 있는 것은 고쳐 나가야 한다.

알아차림

나는 얼마나 겸손한 사람인가? 나의 장점과 단점을 찾아보라.

인간은 완벽할 수 없다.

누구나 실수하기 마련이고, 알게 모르게 죄를 짓는다.

그러므로 자신의 결점을 알아차리고 개선해 나아가야 한다.

마음챙김 대화하기

마음챙김하면서 대화하면 대화가 자연스럽다. 마음챙김하면 상대의 감정을 잘 공감할 수 있다. 만약 대화 중에 불안하거나 화가 난다면 '손님이 왔다.'라고 알아차리고 척추를 똑바로 세우고 심호흡을 하고 대화한다.

마음챙김하면서 대화하면 상대의 심정이 더 잘 이해되고 내가 해야 할 말도 잘 전달할 수 있다. 상대의 말을 들을 때 마음챙김하고, 상대를 바라볼 때 마음챙김하고, 말할 때 마음챙김한다. 마음챙김하면 하지 않아야 할 말을 하지 않고, 해야 할 말을 할 수 있기에 의사소통이 잘된다. 마음챙김하면 옳은 말이라도 이 말로 상대가 상처를 입을 수 있거나 나와의 관계가 나빠질 것 같다는 것을 알고 말을 할 때 자제할 수 있다.

"종로에서 뺨 맞고 한강에서 눈 흘긴다."라는 말이 있다. 자신의 문제로 화난 사람이 다른 곳에서 엉뚱한 사람에게 화를 풀기도 한다. 자기 열등감이 심한 사람은 자신보다 조금이라도 약해보이는 사람을 은근히 무시하거나 비꼬는 말을 함으로써 위안을 삼고자 한다. 어떤 사람이 다른 사람을 대하는 모습을 보면 지금 그 사람이 편안한지, 불편한지 알 수 있다. 불편한 사람은 다른 사람을 불편하게 한다. 내가 이 사람에게 불편함을 느끼면 잠시 자리를 피하는 것이 좋다. 이 사람의 말이나 행동으로 인해 내가 화가 나면 이를 알아차리고 호흡명상과 자비수행을 해 보라.

**사람과 만날 때는 경청하고
상대의 마음을 잘 공감하면서 대화한다.**

말하기

자신이 하는 비언어적 행동을 알아차리면서 대화하라. 자신의 목소리가 높은지, 낮은지, 목소리가 부드러운지, 날카로운지, 말의 속도가 빠른지, 느린지, 발음이 명확한지 등을 알아차리면서 말하라. 또 내가 상대와 적절하게 눈맞춤을 하는지, 나의 자세나 태도는 편안한지, 긴장되어 있는지 등을 알아차리며 대화하라.

대화 중에 일어나는 자신의 감정을 잘 알아차려야 한다. 지금 편안하지, 불안한지, 답답한지, 화가 나는지를 알아차리면서 대화하라. 불안하면 척추를 똑바로 세운 다음에 심호흡을 하라.

앞으로 대화할 때 불안하면 나는 어떻게 하겠는가?

공감하기

진정한 만남은 공감으로 이루어진다. 공감은 상대의 입장에서 상대의 감정을 정확하게 이해하고 상대의 입장을 고려해서 이해한 바를 적절하게 표현하는 것이다.

상대의 감정은 상대가 말한 내용뿐만 아니라 상대가 보여 주는 눈빛, 표정, 목소리, 태도, 자세 등에서도 드러난다. 상대가 말한 내용이나 비언어적 태도, 지금 상대가 처한 상황 등을 종합해서 상대를 이해하면 상대의 마음을 더 잘 공감할 수 있다. 상대의 감정을 이해한 다음에는 상대와 상황을 보아서 자신이 느낀 감정을 표현하라.

상대와 대화하면서 상대의 감정을 내 가슴 속에서 느껴 보고, 이해한 다음 상대의 입장에서 잘 받아들일 수 있도록 자신이 느낀 감정을 표현하라.

나는 상대의 입장에서 잘 공감하고 대화하고 있는가?

존중과 배려하기

대화할 때는 상대의 체면이 상하지 않도록 마음챙김하면서 대화하라. 상대가 비록 자신보다 어리더라도 존중받는다는 느낌을 받도록 대화하라. 부모가 어린 자녀에게 무심코 내뱉은 한마디가 자녀에게는 평생 동안 지워지지 않는 상처로 남을 수 있다. 편한 사이라도 자신을 주시하면서 대화하라.

나는 다른 사람의 자존감을 손상시키는 대화를 한 적이 있는가?

격려하기

내가 만난 사람이 희망과 용기를 갖고 행복하기를 바란다면 격려를 잘해야 한다. 다른 사람을 격려할 때는 그 사람의 구체적인 행동에 대해 격려해야 한다. "네가 열심히 일하는 모습을 보니 바라는 목표를 이룰 것 같다."와 같이 격려하라. 만약 자신이 지금 힘든 상황에 있다면 스스로에게도 격려할 수 있다. "힘들지만 너답게 잘하고 있어." "아직 게임은 끝나지 않았어." "모든 것은 변한다."와 같이 말해 줄 수 있다. 자기 자비수행도 도움이 된다.

나의 미래가 행복하기 위해서 지금 나는 스스로에게 어떤 말로 격려하고 싶은가?

'우리'라는 의식 가지기

우리 사회에서는 '우리'라는 느낌을 가지고 있으면 소속감이 생기고 관계가 편안해진다. 상대와 내가 어떤 것에 공통점이 있는지 알아보고 공통되는 것을 주제로 삼아 이야기하면 대화가 흥미롭고 편안하게 진행된다. 취미생활, 고향, 학교, 종교 등이 같은 상대라면 처음에는 그러한 것들을 주제로 하여 이야기를 나눈 다음에 다른 이야기로 넘어가라.

알아차림

나는 상대와 대화할 때 마음챙김하면서 대화를 하고 있는가?

"힘들지만 너답게 잘하고 있어."
"아직 게임은 끝나지 않았어."와 같이
스스로 격려하라.

04

자연 속에서 명상

- 자연의 이치 배우기

자연의 이치 배우기
저 아름다운 나무의 주인은 누구일까?

자연을 찾아 즐기기

자연 속에서 그 아름다움을 느끼며, 자연과 대화하여 하나가 되면서 자연의 이치를 깨닫는 즐거움을 느껴 보라. 숲이나 강과 같은 자연의 아름다움을 보면서 자연의 이치를 배우라. 5월에는 새로운 잎들이 돋지만, 11월이면 나뭇잎은 노랗게 말라 땅으로 떨어진다. 짙은 초록색의 포플러 나뭇잎처럼 빛나던 청춘도 어느 사이 가을의 붉은 단풍잎과 같은 노년으로 바뀌어 간다. 자연의 하나로서 인간도 변해 가는 것이 자연의 이치다.

노자는 세상의 움직임을 유(有)와 무(無), 긴 것[長]과 짧은 것[短], 밝음[明]과 어둠[暗]이 동시에 있으면서 변화하는 역동에 있다고 하였다. 낮이 지나면 밤이 오고, 밤이 지나면 새벽이 온다. 또 겨울이 지나 봄이 오듯이 자연은 변하고 있다. 나의 바람과 달리 모든 것은 변한다. 몸도 마음도 자연과 같이 변해 간다.

우리는 자연의 이치를 받아들이고 따르면서
자연을 즐기며 살아간다.

노자는 "하늘과 땅은 우주를 닮고 사람은 땅을 닮는다."라고 하였다. 자연으로서 인간은 자연의 이치를 배워서 성장해 간다. 어둠과 빛이 같이 붙어 있듯이 행복과 불행이 이어져 있음을 알기에 행복과 불행의 순간에 초연해진다.

일찍이 노자는 자연의 하나로서 물을 관찰하면서 물에서 많은 것을 배울 수 있다고 하였다. "물은 만물을 이롭게 해 주면서도 다투지 않고, 사람들이 싫어하는 곳에 있다. 그래서 도(道)에 가깝다(水善利萬物而不爭 處衆人之所惡 故幾於道)." "세상에 물보다 유약한 것은 없지만, 굳고 강한 것을 물리치는 데는 물에 비할 것이 없다(天下莫柔弱於水 而攻堅强者莫之能勝也)." "강과 바다가 계곡의 왕이 될 수 있는 것은 자신을 잘 낮추기 때문이다. 그래서 왕이 될 수 있다(江海所以能爲百谷王者 以其善下之 故能爲百谷王)." 우리는 자연 속에서 물을 관찰하면서 좀 더 겸손하게 유연하게 살아야 한다는 것을 배운다.

세상에 물보다 유약한 것은 없지만,
굳고 강한 것을 물리치는 데는 물에 비할 것이 없다.

지금 내가 할 수 있는 것은 자연의 흐름에 맞추어 춤추는 것이다.

자연과 교감하기

야생 동물, 식물 등에 관심을 가지고 보살피라. 숲의 풍경, 소리, 온도, 향기, 맛 등을 알아차리면서 즐겨 보라. 자연의 아름다움, 생명이 살아 있음을 느껴 보라. 나의 몸에서도 생명성을 느껴 보라.

흐르는 개울물 소리는 나에게 쉬지 않고 공부하면서 물과 같이 유연하게 살아가라고 말한다. 소나무는 항상 푸른 마음, 청춘의 가슴으로 푸르게 살아가라고 말한다. 하늘의 구름은 모든 것이 변한다고 말한다.

봄이면 봄꽃을 즐기고, 가을이면 가을꽃과 단풍을 즐겨 보라. 봄의 꽃이 아름답듯이 가을의 단풍도 아름답다. 총체적으로 마음챙김하면 겨울의 메마른 가지에서도 봄의 희망, 여름의 왕성함, 가을의 성숙함을 느낄 수 있다.

자연을 바라보면서 자연과 자주 대화하고 자연과 하나되면 몸과 마음이 편안하고 건강해진다.

오감을 통하여 자연을 느끼라.

자연에서 위로받고 자연에서 배우라.

저 하늘에 빛나는 달을 보는 것은 아직 내가 살아 있기 때문이다. 지금 지구의 수많은 사람이 저 달을 바라보고 있다. 지금 이 순간 저 달을 바라보는 우리 모두는 달을 통해서 서로 연결되어 있다.

알아차림

나는 자연에서 무엇을 배울 수 있는가?

자연 속에서 깨어 있기

바람 부는 날, 산에 올라 명상을 해 보라. 바람이 불 때 나뭇잎들이 춤추는 모양, 나뭇잎이 부딪히며 내는 소리, 피부에 와닿은 햇볕의 따스함을 느껴 보라. 바람이 부는 산에서 하는 마음챙김 명상은 오감을 깨우고 기쁨을 느끼게 한다.

지구 상태에 관심 가지기

지구는 살아 있는 하나의 몸이다. 지구가 건강해야 그 안에 사는 모든 생명체가 건강할 수 있다. 지구가 병들면 지구에 사는 온 식구가 병든다. 코로나19에서 보듯이 전염병은 숲의 파괴나 지구의 온난화와 관련된다.

　모든 사람은 자연에서 태어나 자연으로 돌아간다. 사람과 자연은 삶과 죽음으로 서로 연결되어 있음을 알고 지금이라도 자연환경에 더 관심을 가지고 보살펴야 한다.

　각자가 마음챙김으로 자기의 욕심을 알아차리고 줄여 나가라. 오늘 하루 자가용을 타지 않고 대중교통을 이용하거나 걸어가 보라. 또 오늘 하루 일회용품을 사용하지 말아 보라. '욕심'과 '불편함'이라는 손님을 분명히 알아차리면 내가 사는 지구환경이 좀 더 건강하고 아름답게 변해 갈 것이다.

알아차림

　지구의 기후 변화나 환경 오염, 자연의 재해를 줄이기 위해 지금 내가 실천할 수 있는 것은 무엇인가?

05

무위자연인으로
살아가기

- 무위자연
- 무위자연의 실천

무위자연

자기 욕심과 집착, 불안을 분명히 알아차리고 줄여 나가면 마음이 편안해지면서 많은 일을 성취할 수 있다.

노자가 말하는 '무위(無爲)'가 되기 위해서는 자신의 집착이나 욕심, 망상을 알아차리고 줄여야 한다. 무위가 되면 하지 않아야 할 일을 하지 않고 해야 할 일을 할 수 있다. 무위 상태로 일하면 집착하지 않고 지금 자신이 해야 할 일을 자연스럽게 하기에 일의 성과가 높다. 또 무위자연으로 일을 하면 일의 결과에도 얽매이지 않고 후회하지도 않는다. 그저 지금 이 순간에 내가 해야 할 일을 할 뿐이다.

무위의 삶은 하느님의 뜻을 따라 사는 것과 같다. 하느님의 뜻을 따른다는 것은 나의 욕심이나 집착을 줄이면서, 가족과 이웃의 행복을 위해 지금 내가 해야 할 일을 내가 할 수 있는 방법으로 하는 것이다.

사람들은 사실(fact)을 있는 그대로 보기보다는 자신의 관점이나 기분에 따라 다르게 보곤 한다. 꾸준하게 마음챙김하면 자신의 관점이나 기분을 분명히 알아차리기에 사실을 좀 더 객관적으로 볼 수 있다.

욕심과 집착은 판단력을 흐리게 하여 일을 실패하게 만든다. 자기 집착과 욕심을 알아차리고 줄여 나가는 무위로 일을 해야 성공할 수 있다. 꾸준하게 마음챙김하면 무위의 상태가 되어 상황에 맞게 일을 할 수 있다.

무위의 행복

무위에서 얻어지는 행복은 쾌락의 만족으로 얻어지는 쾌감과는 질적으로 다르다. 무위자연의 행복은 어린 시절 느꼈던 순수한 동심과 같다.

필로폰과 같은 마약은 강렬한 쾌감을 주는 효과가 있다. 나는 필로폰 중독에서 회복 중인 분에게 어린 시절 동심에서 느꼈던 기분과 마약을 했을 때의 쾌감 중에서 어떤 느낌이 더 좋았는지를 질문한 적이 있다. 그때 그는 '어린 시절 동심의 순수한 느낌이 훨씬 더 좋다'고 하였다. 진정한 행복은 이미 나의 마음 안에 존재하고 있음을 알아야 한다.

지금 잠시 호흡에 집중하라.
어린 시절 행복했던 동심을 느껴 보라.

원래의 자기, 순수한 모습의 자기가 귀중한 존재임을 아는 사람은 힘들고 어려운 일이 있더라도 견딜 줄 안다. 비록 잠시 검은 구름이 태양을 가려서 세상이 어둡더라도 구름 너머에는 달이 빛나고 있음을 믿고 기다린다. 고통이라는 구름 또한 곧 지나가리라 믿고 기다린다면 지금 자신이 해야 할 일을 묵묵히 할 수 있다.

행복은 지금 이대로 만족하는 것이다. 노자는 『도덕경』에서 "족함을 알면 욕되지 않고, 멈출 줄 알면 위태롭지 않다(知足不辱 知止不殆)."라고 하였다. '욕심'이라는 손님이 나타났을 때 이를 알아차리고 조절할 수 있으면 마음의 평화를 유지할 수 있다. 그만두어야 할 때를 알고 멈출 수 있다면 행복한 사람이다. 술이나 도박뿐만 아니라 돈, 명예, 권력에 대한 욕망도 알아차리고 멈출 수 있어야 한다.

지나친 것은 화(禍)를 부른다. 노자는 『도덕경』에서 "화로는 만족함을 모르는 것이 가장 크며, 허물로는 얻어 가지려고 애쓰는 것이 가장 크다. 그러므로 만족을 앎으로써 얻어지는 만족 때문에 항상 만족스럽다(禍莫大於不知足 咎莫大於欲得 故 知足之足 常足矣)."라고 말하고 있다.

지나친 욕심은 자신뿐만 아니라 주변 사람을 불편하게 하고 불행하게 만든다. 반면, 무엇이든 적절한 거리에서 멈출 줄 아는 절제는 자기와 가족을 행복하게 만든다. 욕심과 집착을 알고 이

것을 비워 가면 마음이 편안하면서 건강도 좋아진다.

평범한 삶에 만족할 줄 아는 사람이 곧 행복한 사람이다. 지금 날씨가 추우면 추운 대로, 더우면 더운 대로 받아들이고 적응해 가야 한다.

> 진정한 자존감을 가진 사람은 자연스러운 것,
> 평범한 것을 귀중하게 생각한다.

내가 어디에 집착하는지를 알아차리고 줄여 가면 불행을 피할 수 있다. 집착은 과거의 기억에서 비롯되어 갈망을 일으키며 반복해서 자기를 힘들게 한다.

> 자기가 집착하는 것이 무엇인지
> 지속적인 마음챙김으로 알아차리면
> 집착이 줄어들면서 지금 이 시간에 자기가 해야 할 일에
> 편안하게 집중할 수 있다.

무위자연인의 삶은 자연으로서의 나, 참나를 찾으면서 생동감 있게 살아가게 한다. 또 검소한 삶에 만족하고 다른 사람에게 겸손한 태도를 보인다.

 알아차림

만족하면 행복한데, 지금 나는 왜 만족하지 못하는가?

무위자연의 삶은 자연으로서의 나,

참나를 찾으면서 생동감 있게 살아가게 한다.

무위자연의 실천

팔정도의 실천

지금 내가 행복의 길로 가는지 알 수 있는 쉬운 방법 중 하나는
지금 내가 팔정도를 실천하는지를 알아보는 것이다.

팔정도(八正道)는 부처님께서 인간이 행복할 수 있는 올바른 길
을 제시한 것이다. 나의 마음이라는 자동차가 팔정도를 달리면
무위의 상태에서 느끼는 평화를 얻는다. 팔정도는 정견(正見), 정
사유(正思惟), 정어(正語), 정업(正業), 정명(正命), 정정진(正精進),
정념(正念), 정정(正定)인데, 이것들은 서로 연결되어 있다. 잘못

된 견해를 가지면 잘못된 생각을 하고, 생각을 잘못하면 잘못된 행동을 하게 한다.

올바른 견해(正見)는 자신과 세상을 있는 그대로, 선입관 없이 총체적으로, 원인과 결과의 관계로 보는 것이다. 또 삶의 무상(無常)과 무아(無我), 고통[苦]을 그대로 본다. 올바른 견해를 가지기 위해서는 꾸준한 수행이 필요하다.

올바른 생각(正思惟)은 바르게 기억하고, 바르게 생각하는 것이다. 자기중심적으로 생각하거나 자기만이 옳다고 생각하지 않는다. 올바른 생각이란 집착에서 벗어나는 생각이며, 자신과 다른 사람을 행복하게 하는 생각이다.

올바른 말(正語)은 다른 사람에게 도움을 주고, 다른 사람을 살리는 말이다. 올바르지 않은 말이란 거짓말, 이간질, 욕설, 뒷담화를 하는 것이고, 안 해도 될 말을 하는 것이다. 올바른 말이란 지금 이 상황과 상대에 따라 적절한 말을 하는 것이다.

올바른 행동(正業)은 다른 사람을 살리고, 사랑하고, 보호하는 행동으로 상황에 맞게 행동하는 것을 말한다. 올바르지 않은 행동은 살생, 도둑질, 삿된 음행, 중독적 행위 등이다.

올바른 생계수단(正命)은 올바른 방법으로 돈을 버는 것이다. 즉, 사기를 치거나, 도둑질을 하거나, 다른 사람의 건강을 해치면서 자신의 이익을 취하지 않는 것이다. 다른 사람이나 사회에 도움이 되는 일을 하면서 생계를 유지한다.

올바른 노력(正精進)은 지난날 저질렀던 나쁜 일이나 그와 비슷한 일을 하지 않도록 노력하고, 앞으로는 선한 일을 더 많이

팔정도는

인간이 행복할 수 있는 올바른 길을 제시한다.

하도록 노력하는 것이다.

올바른 새김(正念)은 지금-여기에 마음을 집중하여 올바로 수행하는 것이다.

올바른 집중(正定)은 정신을 통일하는 것이다. 항상 좋은 일, 좋은 말, 좋은 행동, 좋은 생각을 하여 마음이 평화로운 것을 말한다.

이와 같은 팔정도의 실천은 행복한 삶을 사는 길이자 무위자연의 삶으로 가는 길이다. 무위는 하지 않아야 할 일을 하지 않고, 해야 할 일을 하는 것이기 때문이다.

일상에서 깨어 있기

마음챙김으로 무위의 상태가 되면 상황에 따라 적절한 중용의 행동을 선택하기에 일의 성과도 높으면서 몸과 마음이 덜 피곤하다. 다른 사람을 만날 때도 자신의 몸과 마음에서 일어나는 현상과 상황에 주시하면서 그에 맞게 말하고 행동한다. 바람에 따라 연을 조절하면서 날리듯이 상황의 흐름에 따라 자신을 조절해 간다.

지금 자신의 몸에서 느껴지는 감각과 호흡에 깨어 있으면 마음이 마음이 맑아지고 편안함을 느낄 것이다. 마음이 지치고 힘들 때는 몸 마음챙김을 하라. 지금 자신의 몸이 자신에게 말하는 것을 주의 깊게 들어보고 몸을 살펴라. 만약 스마트폰을 너무 많이 사용해서 눈이 아픈 것 같다면 당분간 스마트폰을 멀리하라. 자신의 몸과 대화가 잘 되어야 자신의 마음도 주시할 수 있는 여유와 힘이 생길 것이다.

지금 아름다운 풍경을 보고 있으면 내가 아름다운 것을 보고 있다는 것을 알아차리라. 좋은 음악을 들으면 음악을 들어서 기분이 좋다는 것을 알아차리라.

오감(五感)에서 일어나는 느낌을 잘 알아차릴 수 있으면 조절력이 생기고 마음이 평화로워진다. 오감에서 일어나는 느낌을 분명하게 알아차리지 못하면 오감의 느낌에 끌려다니는 불행한 삶을 살고 만다. 혜암 스님은 "오감이라는 도둑놈을 잘 다스리지 않으면 오감의 노예가 된다."라고 하였다. 그러므로 지금 나의 몸에서 일어나는 오감을 분명하게 알아차리라.

마음챙김하면 즐거운 느낌, 괴로운 느낌 등 다양한 손님을 손님으로 분명히 보기 때문에 손님에 끌려다니지 않는다. 지금 나의 감각과 감정은 잠시 자동차에 머무르다 떠나가는 손님일 뿐이다.

다른 사람과의 관계에서 바꿀 수 있는 것은 나의 태도다.

내가 상대에 대해서 실망하고 화가 나는 것은 상대가 내가 기대하고 바라는 대로 하지 않았기 때문이다. 하지만 상대는 내가 바라는 대로 바뀌지 않는다. 내가 할 수 있는 일은 그 순간 마음챙김을 잘하는 것이다.

내가 상대에게 기대하고 바랐다는 것을 알아차리면 마음이 편안해진다. 분노를 억압하는 사람은 상대가 보여 주는 사소한 행동을 핑계삼아 자신의 분노를 표출하려고 한다. 부적절하게 분노하는 사람을 보면 지금 "저 사람의 마음이 불편하구나!" "저 사람 안에서 분노의 불길이 타고 있구나!" 하면서 이를 알아차리고 그 사람에게서 잠시라도 거리를 멀리하는 것이 좋다.

일상에서 나의 감정과 상대의 감정을 알아차리면 마음이 편안해진다.

다른 사람과 이별할 때 찾아오는 슬픔과 분노, 외로움이라는 손님도 알아차리라. 알아차리지 않으면 손님의 힘은 더 강해지면서 눈사태처럼 더 많은 손님을 데리고 온다. 예를 들어, 외로움이라는 손님은 슬픔이라는 손님, 두려움이라는 손님, 분노라는 손님도 함께 데려온다. 하지만 손님이 왔다는 것을 또렷이 알아차리고 받아들이는 순간 손님은 서서히 사라진다.

가장 슬픈 이별은 사랑하는 사람의 죽음이다. 이번 생에서 다시는 만날 수 없기 때문이다. 사랑하는 사람의 죽음 앞에서는 말할 수 없는 슬픔과 죄책감이 일어날 수 있다. 이럴 때는 슬픔과 죄책감이 일어나는 것을 그대로 알아차리고 받아들이라. 우리의 눈으로는 다시 볼 수는 없지만, 마음으로는 만날 수 있다는 것을 알라. 돌아가신 분을 위해서라도 오늘 하루 내가 살아 있음에 감사하면서 행복하게 잘 살아야 한다.

 알아차림

> 잠들기 전에 나는 오늘 얼마나 마음챙김을 했는지 살펴보라.

유연하게 사고하기

마음이 유연해야 일의 성과를 높일 수 있으며, 대인관계도 좋아진다. 몸과 마음은 서로 영향을 주고받기에 운동이나 요가 등으로 자신의 몸을 좀 더 유연하게 만들면 마음도 유연해진다.

어린아이는 몸과 마음이 유연하지만, 늙어 갈수록 몸과 마음의 유연성이 줄어들고 생명이 다하면 마침내 몸이 굳는다. 정신이 건강하지 않다는 것은 사고가 경직된 것이다. 상황에 맞게 유연하게 사고할 수 있는 사람은 정신이 건강하다. 나이가 들수록 마음챙김을 일상화하고 호흡명상, 요가, 운동 등을 하여 몸과 마음을 유연하게 해야 한다.

지금 내가 어떤 생각을 할 때 생각하고 있다는 것을 분명하게 알아차리면 생각에 끌려다니지 않으면서 생각을 나의 행복을 위한 도구로 사용할 수 있다.

알아차림

> 나의 몸과 마음이라는 자동차는 유연한가? 경직되어 있는가? 유연하다면 어느 정도인가?

나답게 살아가기

　자연의 에너지를 받아서 국화는 국화대로, 장미는 장미대로 아름답게 꽃피우듯이 각자가 자기답게 꽃피우면서 살아갈 때가 가장 아름답다. 자기를 아름답게 꽃피우면 보는 사람도 즐겁고 행복하다. 꾸준하게 마음챙김하면 자기를 잘 알게 되고 자기답게 꽃피울 수 있다.

**　나답게 살기 위해서 지금 나는 무엇을 하고 싶은가?**

상황의 흐름 타기

　무위의 삶은 지금 이 상황에 맞추어 유연하게 사는 것이다. 마음챙김이 되어야 지금 이 상황에서 내가 할 수 있는 일과 해야 되는 일을 자연스럽게 할 수 있다.

**　　총체적 상황을 보면 지금 이 자리에서 내가 할 수 있는 일과**
**　　해야 하는 일은 무엇인가?**

　어떤 상황에서든 총체적으로 마음챙김하여 행동하면 자신과 주변 사람이 편안해지고 서로가 바라는 것을 이룰 수 있다. 총체적으로 살펴보면서 그 상황에 적절한 행동을 해야 자기에게 이익이 된다. 전쟁이라는 상황에서 장수는 전쟁의 목적인 생존과 승리를 위해 이길 수 있는 전략을 만들어야 한다. 이순신 장군이 12척의 배로 명량해전에서 승리할 수 있었던 것도 아군과 적군의 병력, 지형, 조류의 특성, 시간대별 유속의 변화, 배의 특성 등을 총체적으로 살펴보고서 이길 수 있는 전략을 구상하였기 때문이다.

자기의 고정관념이나 욕심, 집착, 불안을 벗어난 무위의 상태가 되면 상황을 총체적으로 보면서 상황에 맞게 자기 생각을 유연하게 사용할 수 있다. 『금강경』에서 부처님이 말씀하신 "어느 곳에도 마음을 머물지 않게 하여 마음을 일으키라(應無所住 而生 其心)"와 같이 지금 이 상황에 맞는 생각과 행동을 하는 것이 곧 무위다.

미루지 말고 나와 가족이 즐길 수 있는 일 해 보기

과거에 내가 행복하게 했던 일을 반복하는 것은 행복의 시간을 늘려가는 방법이다. 운동하기, 등산하기, 숲길 산책하기, 독서하기, 여행하기와 같이 행복을 느꼈던 일을 자주 경험해 보라. 특히 가족이 다 같이 즐길 수 있는 일을 찾아서 미루지 말고 실천하라. 행복했던 추억이 있는 장소를 자주 찾아가는 것은 나를 행복하게 한다. 행복했던 장소와 추억을 잠시 회상하는 것만으로도 마음이 편안해진다.

내가 만나면 편안했던 분은 누구인가?

나의 마음이 편안해지고 행복했던 장소는 어디인가?

나의 삶의 의미와 기쁨을 준 일은 무엇인가?

다른 사람에게 겸손하기

겸손의 반대말은 교만이 아니라 자신을 올바로 이해하지 못하는 어리석음이다. 자신을 진정으로 존중하는 사람은 자연스럽게 겸손해지므로 주변 사람도 편안하고 행복하게 한다. 겸손한 사람은 비어 있는 그릇처럼 많은 것을 수용한다. 하지만 교만한 사람은 아상(我相)으로 마음 그릇이 가득 차 있어 다른 것을 품기가 어렵다.

겸손한 사람은 자신을 낮추므로 다른 사람과 관계가 좋아지고 존중받는다. 지금 내가 만나는 사람이 나와 같은 귀중한 존재임을 알기에 상대를 존중하고, 그 사람의 입장에서 이해하고 공감하려고 한다. 겸손한 사람은 상황과 상대방에 적절한 행동을 하는 중용적 태도를 보인다.

지금 나는 진정으로 겸손한가?

자신과 다른 사람을 진정으로 존중하고 사랑하는 사람에게서는 겸손의 향기가 풍긴다. 본인은 자연스레 행동하는 것임에도 주변 사람은 그 향기로 마음이 편안해지고 기분이 좋아진다.

모든 생명체에 대한 알아차림

살아 있는 모든 생명체는 생명을 유지하고 고통을 피하고자 한다. 길이나 숲에서 우연히 만난 동물도 고통 없이 잘 살아갈 수 있도록 보살펴라. 길을 가다가 뒤집힌 풍뎅이를 발견하면 날아갈 수 있도록 몸을 바로 잡아 주라. 사람이 많이 다니는 길에 달팽이가 기어가는 것을 보면 발에 밟히지 않도록 집어 올려서 가려는 방향의 숲으로 놓아 주라. 자신의 집이나 사무실에서 말라 가는 화초를 보면 물을 주라.

마음챙김으로 살아가기

자주 척추를 똑바로 세우고 편안하게 앉으면서 숨이 들어오고 나가는 것을 알아차리라. 또 걸으면서 발바닥의 느낌을 알아차리라. 숲과 같은 자연 속에서 마음챙김하면서 걸어 보고 자연 속에서 행복을 느껴 보라.

가족이나 다른 사람과 대화할 때도 마음챙김하면서 대화하라. 마음챙김을 하면 나의 마음이 편안해지면서 주변 사람과의 관계도 좋아진다.

의식적으로 나의 마음에 어떤 손님이 와 있는지 살펴보라. 분노나 불안, 걱정이 일어나면 '손님이 왔구나!' 하고 알아차린다. 척추를 똑바로 세우고 심호흡을 하여 마음을 편안하게 한 다음에 생각을 긍정적으로 바꾸고, 지금 내가 해야 할 일에 집중하는 연습을 해 보라.

고통과 불안을 내 마음 밖으로 내보내는 방법은 고통과 불안을 손님으로 분명하게 알아차리는 것이다. 손님을 손님으로 알아차리면 고통과 불안은 서서히 사라진다.

척추를 똑바로 세우고 호흡을 지켜본다.
지금 나의 자동차에 어떤 손님이 타고 내리는지 분명히 알아차린다.
꾸준하게 마음챙김하면 손님이 또렷이 보이기에
손님에 끌려다니지 않는 평화를 느낀다.

알아차림

가족과 이웃의 행복을 위해 지금 내가 해야 하는 가장 중요한 일은 무엇인가?

손님을 손님으로 알아차리면
고통과 불안은 서서히 사라진다.

알아차리면 생각과 감정의 지배를 받지 않는다.

꾸준히 마음챙김하면 생각과 감정이라는 손님이

활발하게 활동해도 마음은 초연해진다.

내가 숨을 쉬고 있음을 알아차린다.

호흡이 깊고 길며 부드러운지, 얕고 짧고 거친지를 살펴본다.

호흡은 마음을 따라가고 마음은 호흡을 따라간다.

척추를 똑바로 세우고 편안하게 숨을 들이쉬고 내쉰다.

마음도 편안해진다.

| 저자 소개

박상규 (Sang-Gyu, Park)

가톨릭꽃동네대학교 상담심리학과 교수
세종충북도박문제관리센터 운영위원장
한국중독포럼 공동대표
전) 한국중독심리학회 회장
　　한국중독상담학회 회장
　　한국도박문제관리센터 이사장
　　경찰청 마약범죄 수사 자문위원

〈주요 저서 및 역서〉

마약류 중독의 이해와 치료(공저, 학지사, 2021)
심리장애의 임상적용을 위한 핸드북
　근거기반의 단계적 치료(공역, 학지사, 2021)
행복수업: 자기 감정의 관리자되기
　(세종도서 교양부문 선정, 학지사, 2020)
숲치료 이야기: 숲을 알면 건강이 보인다
　(세종도서 교양부문 선정, 공저, 학지사, 2020)
알코올 중독자, 내 안의 또 다른 나(공저, 학지사, 2019)
스마트폰에 빠진 우리아이 구출하기(학지사, 2019)
상담학 개론(2판, 공저, 학지사, 2019)
아들러심리학에 기반을 둔 초기 회상의 의미와 해석
　사례 및 해석 모델을 중심으로(공역, 학지사, 2019)
중독상담학개론(공저, 학지사, 2018)
중독의 이해와 상담실제(2판, 공저, 학지사, 2017)
중독과 마음챙김(학지사, 2016)
중독상담(공저, 박학사, 2015)
정신건강론(학지사, 2014)
병적 도박의 치료와 임상지침(공역, 학지사, 2012)
행복 4중주(이너북스, 2009)
정신재활의 이론과 실제(학지사, 2006)
마약류 중독자를 위한 자기사랑하기 프로그램
　(학지사, 2003)

마음챙김과 행복

행복을 찾아가는 운전사

2022년 4월 15일 1판 1쇄 인쇄
2022년 4월 25일 1판 1쇄 발행

지은이 • 박상규
펴낸이 • 김진환
펴낸곳 • (주)**학지사**

　　　　　04031 서울특별시 마포구 양화로 15길 20 마인드월드빌딩
대표전화 • 02)330-5114　　　　팩스 • 02)324-2345
등록번호 • 제313-2006-000265호

홈페이지 • http://www.hakjisa.co.kr
페이스북 • https://www.facebook.com/hakjisabook

ISBN　978-89-997-2679-8　03180

정가　12,000원

출판 · 교육 · 미디어기업 **학지사**

간호보건의학출판 **학지사메디컬** www.hakjisamd.co.kr
심리검사연구소 **인싸이트** www.inpsyt.co.kr
학술논문서비스 **뉴논문** www.newnonmun.com
교육연수원 **카운피아** www.counpia.com